Confissões de uma Bruxa Teen

Gwinevere Rain

Confissões de uma Bruxa Teen

A Arte da Bruxaria para Jovens Iniciantes

Tradução:
DENISE DE C. ROCHA DELELA

EDITORA PENSAMENTO
São Paulo

Título original: *Confessions of a Teenage Witch*.

Copyright © 2005 Catherine Williams.

Publicado mediante acordo com a Perigee Books, uma divisão da Penguin Group (USA) Inc.

Todos os direitos reservados. Nenhuma parte deste livro pode ser reproduzida ou usada de qualquer forma ou por qualquer meio, eletrônico ou mecânico, inclusive fotocópias, gravações ou sistema de armazenamento em banco de dados, sem permissão por escrito, exceto nos casos de trechos curtos citados em resenhas críticas ou artigos de revistas.

A Editora Pensamento-Cultrix Ltda. não se responsabiliza por eventuais mudanças ocorridas nos endereços convencionais ou eletrônicos citados neste livro.

Dados Internacionais de Catalogação na Publicação (CIP)
(Câmara Brasileira do Livro, SP, Brasil)

Rain, Gwinevere
   Confissões de uma bruxa teen : a arte da bruxaria para jovens iniciantes / Gwinevere Rain ; tradução Denise de C. Rocha Delela. – São Paulo : Pensamento, 2006.

   Título original: Confessions of a teenage witch.
   Bibliografia.
   ISBN 85-315-1459-2

   1. Adolescentes – Literatura infanto-juvenil 2. Bruxaria – Literatura infanto-juvenil I. Título.

06-5495   CDD-028.5

Índices para catálogo sistemático:
   1. Literatura infanto-juvenil 028.5
   2. Literatura juvenil 028.5

O primeiro número à esquerda indica a edição, ou reedição, desta obra. A primeira dezena à direita indica o ano em que esta edição, ou reedição, foi publicada.

Edição
1-2-3-4-5-6-7-8-9-10-11

Ano
06-07-08-09-10-11-12-13

Direitos de tradução para o Brasil
adquiridos com exclusividade pela
EDITORA PENSAMENTO-CULTRIX LTDA.
Rua Dr. Mário Vicente, 368 – 04270-000 – São Paulo, SP
Fone: 6166-9000 – Fax: 6166-9008
E-mail: pensamento@cultrix.com.br
http://www.pensamento-cultrix.com.br
que se reserva a propriedade literária desta tradução.

Impresso em nossas oficinas gráficas.

Bênçãos a este Livro

À meia-noite me ponho a tecer
e teço uma teia de puro poder
aproveito a Lua Sangrenta de outubro
para evocar uma dádiva de magia
Eu peço à Grande Divindade que
abençoe este livro, cada passagem e cada linha
e ajude aqueles que buscam um novo caminho
a encontrar a paz de uma enseada iluminada de estrelas
Presente, futuro e passado
Que este feitiço seja concretizado!
Assim seja!

Sumário

Agradecimentos 9

Prefácio 11

Introdução 13

Conheça os Colaboradores 17

Parte Um

CAPÍTULO UM: Fundamentos da Wicca 19

CAPÍTULO DOIS: O Bom Wiccano 39

CAPÍTULO TRÊS: A Deusa e o Deus 52

CAPÍTULO QUATRO: O Altar 67

CAPÍTULO CINCO: A Wicca nos Dias de Hoje 86

Parte Dois

CAPÍTULO SEIS: O Lançamento do Círculo 109

CAPÍTULO SETE: Os Sabás 123

CAPÍTULO OITO: A Lua Cheia 138

CAPÍTULO NOVE: Feitiços de Gwinevere 151

CAPÍTULO DEZ: A Magia Funciona! 166

Reflexões finais 187

Bibliografia 189

Agradecimentos

Quero expressar todo o meu amor e a minha gratidão à minha família e aos meus amigos, que me apóiam com tanta generosidade na redação dos meus livros. À minha mãe, Ann, pela orientação que sempre me dá; ao autor Scott Cunningham, cujas palavras iluminaram inicialmente o meu caminho; a M. R., por sempre me ouvir; e a Christel Winkler, um editor extraordinário.

Eu gostaria de agradecer, especialmente, aos adolescentes citados a seguir, por emprestar a sua voz a este manual: Gede, Deborah, Janni, Katelyn, Eric, Gianluca e Abel. Que as contribuições que fizeram possam trazer conforto a todos que também trilham o caminho da magia.

Por fim, à minha Deusa e ao Deus, por me enviarem os seus raios divinos de inspiração e perseverança. Bênçãos a todos vocês!

Prefácio

Eu tenho de confessar uma coisa: ser wiccana é um desafio muito maior do que eu imaginava. Mas uma das coisas que tornam esse caminho tão gratificante é superar esses desafios. Nesses seis anos nos quais tenho praticado, eu aprendi lições profundas e tive momentos perfeitos de lucidez. Eu realmente acredito que a minha missão é dividir essas revelações e experiências com você. Contudo, se eu só mencionasse os resultados positivos, estaria contando só metade da história. É por isso que eu prometo ser verdadeira, honesta e destemida, mergulhando fundo dentro de mim mesma e confessando *tudo*.

Essa descoberta pessoal pode parecer meio intrigante, mas para que você possa realmente empreender a sua *própria* jornada, eu incluí informações práticas e úteis, além de orientações bem variadas, para que você possa conhecer os diversos aspectos da Wicca, dar início a uma longa discussão interior e explorar o poder mágico da intuição.

Nós investigaremos juntos essa linda religião, o seu significado e os seus conceitos e idéias. *Confissões de uma Bruxa Teen* convida você a passar da condição de noviço para a de praticante. É hora de você ir além dos princípios básicos e descobrir que lições e habilidades precisará ter não só para praticar Bruxaria, mas para vivê-la no seu dia-a-dia.

Este livro se divide em duas partes. A primeira, informativa, constitui-se de conselhos e reflexões com relação à prática wiccana e a vida dos adolescentes. A segunda parte se assemelha a um livro de exercícios, com instruções pormenorizadas sobre rituais e encantamentos mágicos.

Além disso, você também vai encontrar trechos do meu Livro das Sombras contendo as confissões, as lembranças, os percalços e as vitórias de uma bruxa. Opiniões e histórias de outros wiccanos adolescentes contribuem para deixar esta versátil cartilha ainda mais completa. Você pode ler os capítulos de *Confissões de uma Bruxa Teen* na ordem em que eles se apresentam ou ler primeiro os que mais lhe interessar.

Introdução

Desde que comecei a minha jornada pela Wicca, aos quatorze anos de idade, eu sabia que tinha muito o que aprender. Eu fazia a mim mesma perguntas importantes como: "Em que eu acredito?", "Como devo imaginar a Divindade?". O fato de ser wiccana vai alterar a minha personalidade ou mudar o jeito como eu vivo a minha vida? Esse tipo de pergunta surgia diariamente, mas eu procurava me concentrar no objetivo dessa mudança: ser feliz e me sentir realizada. Eu refletia sobre o meu futuro como wiccana, imaginando as reviravoltas que o meu caminho sofreria. Quando passei por uma fase difícil em meus estudos, eu fui persistente. O meu mantra passou a ser: *Não desista, não desanime!* Tudo era tão novo e diferente! A mudança pode balançar as bases de uma pessoa, mas também a liberta.

Ser uma wiccana praticante, trilhar o caminho da Bruxaria e dar uns tropeções de vez em quando, tudo isso é uma descoberta espiritual que abrange a mente, o corpo e a alma. Eu descobri uma religião que tem tudo a ver comigo, mas essa busca me fez descobrir também partes de mim que estavam faltando. A Wicca não me tornou uma pessoa diferente; na verdade, ela me ajudou a conhecer quem eu sou lá no fundo, de modo que eu possa aceitar o meu verdadeiro eu, tentar ser uma pessoa mais gentil e carinhosa e descobrir os meus desejos mais profundos. No final, eu acabei descobrindo que a Wicca tanto é confiar em mim mesma quanto nos poderes superiores.

Alguns praticantes adultos preferem nos ignorar porque somos jovens; no entanto, nós temos sorte, porque a pouca idade faz de nós pessoas de mente aberta. Ser adolescente é descobrir quem você é e qual é a deste mundo. A juventude nos confere paixão e vigor. O que você faz com essa energia é você quem decide, mas, como wiccanos, nós sabemos que a magia é um caminho perfeito para aproveitar, controlar e evocar essa fonte de poder.

Fazer feitiços (magia) é algo que se aprende aos poucos e se cultiva por meio da prática, da experimentação e da persistência. Para ser wiccano também é preciso usar esses mesmos recursos. Nós vamos nos adaptando e crescendo à medida que o nosso caminho vai mudando ou tomando novos rumos. No início, a cada dia surgem novas lições, mas a maioria dos praticantes acaba sempre querendo mais. Eles têm necessidade de ir além da Wicca básica e ampliar o seu caminho espiritual.

Você gostaria de deixar para trás essa imagem de iniciante? Passar a ser um praticante de nível intermediário? Tornar-se sacerdote ou sacerdotisa desse caminho? Se você realmente acredita que essa religião precisa fazer parte da sua vida, então eu gostaria de ajudá-lo a atingir esse objetivo. Eu sei que você tem capacidade para tanto; ela está dentro de você, só esperando para dar o ar da sua graça.

O caminho de nível intermediário nem sempre é fácil, mas ele confere a muitos wiccanos um significado e satisfação profundos. A condição de sacerdote ou sacerdotisa consiste no processo de mergulhar dentro de si mesmo como pessoa, deixando de lado a dúvida e ganhando foco. Eu acho que cada pessoa tem uma experiência individual, o que torna difícil definir esses termos. Na minha opinião, ser um praticante de nível intermediário significa ouvir a sua alma, viver o caminho que escolheu, acreditar na ética, honrar a Deusa e o Deus e seguir a roda do ano e o ritmo da lua.

Daqui em diante, eu quero que você deixe para trás os termos *iniciante* ou *noviço*, porque, com a ajuda deste livro, você não precisará mais deles para definir quem você é. Chegou a hora de entrar em ação, combinar as lições que aprenderá e aplicá-las com eficiência na sua vida e na sua prática wiccana. Agora você está a meio caminho de se tornar um sacerdote ou sacerdotisa da Wicca. Bem-vindo à próxima etapa da sua jornada mágica!

Conheça os Colaboradores

Gede Parma é um rapaz de quinze anos que mora em Queensland, na Austrália. Ele ouviu a palavra Wicca pela primeira vez na escola, quando um colega de classe contou que pertencia a essa religião. Ele conta: "No início, o que mais me atraiu nessa religião foi o fato de ela envolver magia e o meu próprio poder pessoal. Ela me ajudou a enfrentar tempos bem difíceis durante os primeiros anos do colegial".

Deborah Painter, também conhecida como Ariawn, tem dezenove anos e mora em Ohio, nos Estados Unidos. Sua melhor amiga comentou com ela sobre a Wicca durante um café da manhã no McDonald's. Ela conta a experiência dizendo: "O que ela me disse me deu um entusiasmo que há muito tempo faltava na minha vida".

Janni Ingman, também conhecida como Luna, é uma garota de dezesseis anos que mora na Finlândia. Ela ficou sabendo da Wicca pela Internet e se converteu: "Cada um de nós pode achar o seu próprio caminho e aprender a usar a magia interiormente".

Katelyn Dreux, também conhecida como Lynx Song, tem quinze anos e mora em Louisiana, nos Estados Unidos. Ela conheceu a Wicca numa livraria da região onde mora. Ali ela encontrou um livro muito conhecido sobre a Wicca para adolescentes. Ela demorou um ano para voltar à livraria e comprá-lo. Segundo Katelyn, "O que eu mais adoro na Wicca é que ela não prega um único caminho verdadeiro, nem dá mais ênfase ao masculino do que ao feminino".

Eric Wheeler, também conhecido como Chiron Nightwolf, tem dezesseis anos e mora na Geórgia, nos Estados Unidos. Ele aderiu à Wicca porque a ideologia dessa religião tem tudo a ver com suas crenças pessoais. Eric faz parte de um grupo de apoio MSN virtual para jovens praticantes, que se chama Teen Wicca Sanctuary. Quando lhe perguntaram a quem ele recorria quando precisava de orientação, ele respondeu: "Aos meus amigos da Internet, para receber conselhos de pessoas que estão vivendo as mesmas coisas que eu".

Gianluca Lou, também conhecido como Pytho, tem quatorze anos e mora em Milão, na Itália. Ele descobriu a Wicca por meio de uma pesquisa que fez acerca das práticas espirituais menos conhecidas do mundo. Ele acredita que "a verdadeira espiritualidade e compreensão da religião brotam dentro de nós".

Abel Rene Gómez, também conhecido como Anubis RainHawk, tem quinze anos e mora na Califórnia, Estados Unidos. Quando o primeiro livro do Harry Potter foi publicado, seus colegas de escola ficaram fascinados com a feitiçaria mística, mas Abel decidiu pesquisar a verdadeira religião da Wicca. Ele se lembra: "Eu naveguei por websites, visitei bibliotecas e conversei a respeito com os meus amigos e a minha família... Embarquei numa viagem mística de iluminação e preenchimento. Mergulhei num mundo de magia, mistério e exploração infinita".

UM

Fundamentos da Wicca

E u quero primeiro explicar a terminologia e o vocabulário usados ao longo deste livro, deixando claro que essas definições correspondem à minha visão pessoal.

Pagão: Praticante de uma religião centrada na terra. Os atuais pagãos geralmente vão além dos ensinamentos tradicionais cristãos, islâmicos e judaicos e buscam filosofias e técnicas de cura orientais.

Wicca: Religião (pagã) influenciada pela natureza, cujos praticantes acreditam em divindades duais, uma Deusa e um Deus. Entre seus princípios básicos estão a Rede, "Se não prejudicar ninguém, faze o que quiseres", e a Lei de Três, "Qualquer energia que você enviar, voltará com força triplicada". *Wiccano* é a pessoa que cultua e segue a religião e suas regras. Às vezes o termo *praticante* é usado como sinônimo de wiccano.

Bruxo(a): Termo usado para designar uma pessoa que utiliza a Bruxaria, a arte e o ofício da magia. Existem muitos tipos de bruxos: o bruxo hereditário, o bruxo que pratica magia natural, o bruxo eclético, etc.

Neste livro, eu preferi enfocar os **bruxos wiccanos solitários**, praticantes da Wicca que atuam principalmente sozinhos e se mantêm fiéis à Rede. Isso não significa que não mencionarei outros tipos de bruxos. Essa ênfase serve apenas para promover a magia positiva e as diretrizes éticas dos bruxos. Como eu mesma sou uma bruxa wiccana solitária, esse tipo de prática será o tema central deste livro.

Arte: Termo usado para identificar um caminho pagão ou uma prática pagã. Ele também é uma abreviação do termo a Arte dos Bruxos.

Perguntas e Respostas Rápidas
sobre a Wicca

Veja a seguir uma bateria de perguntas feitas por iniciantes. Muitas das respostas explicam princípios básicos da Wicca e servem como uma revisão para os praticantes mais experientes. Eu selecionei essas perguntas entre as muitas da minha correspondência pessoal, que inclui tanto e-mails quanto cartas enviadas por adolescentes que se iniciam no caminho wiccano.

Qual a origem da Wicca? Como ela começou? A que outros caminhos ela está relacionada?

A Wicca teve início na Inglaterra graças a um homem chamado Gerald Gardner, na década de 1950. Muitas pessoas vinculam a Wicca aos druidas, ao cerimonialismo e ao xamanismo, assim como a antigas práticas celtas. Embora os métodos e rituais wiccanos possam ter algo em comum com esses grupos, isso não significa necessariamente que eles estejam ligados. Gardner supostamente acrescentou ensinamentos e filosofias de outros caminhos quando criou a religião.

Como alguém se torna wiccano?

Para uma pessoa se tornar wiccana é preciso que ela tome uma decisão consciente de que esse é o caminho correto para ela seguir. Quando alguém se diz wiccano, isso significa que essa pessoa considera a Wicca como a sua religião pessoal e respeita as suas diretrizes.

Existe uma idade mínima para se tornar wiccano?

As pessoas encontram a Wicca em diferentes etapas da vida. Homens e mulheres com quase sessenta anos podem estar entrando em contato com esse caminho espiritual pela primeira vez. Do mesmo modo, adolescentes por volta de doze anos também estão encontrando a Wicca agora. A idade não importa. No entanto, às vezes os pais se opõem ao interesse dos filhos e os covens demonstram certa relutância em aceitar adolescentes. Essas

FUNDAMENTOS DA WICCA 21

questões podem dificultar a prática de pessoas mais jovens, embora ela não seja impossível.

É preciso passar por uma iniciação?

Anos atrás acreditava-se que o único jeito de alguém se converter à Wicca era ser iniciado por outro praticante. Nas últimas duas décadas, esse conceito mudou radicalmente. Alguns praticantes solitários fazem rituais de auto-iniciação e outros, como eu, não vêem necessidade de passar por nenhum tipo de iniciação. Você se torna wiccano por meio da prática, do respeito à Rede Wiccana e do conhecimento verdadeiro da Arte.

Como os wiccanos vêem Deus ou a divindade?

Ao contrário de outras religiões que só acreditam num Deus supremo, os wiccanos vêem dois aspectos da divindade: a Deusa (o aspecto feminino) e o Deus (o aspecto masculino). Nós respeitamos essas energias da mesma maneira e acreditamos que elas existem em todos os lugares, especialmente na natureza e dentro de cada ser humano. A prece, a meditação e os rituais são meios usados pelos wiccanos para entrar em contato com poderes superiores. (Veja o Capítulo Dois para ter mais detalhes acerca de como os wiccanos vêem a divindade.)

Quais são os mitos e os estereótipos que dificultam a vida dos wiccanos?

Existem grandes estereótipos associados à Wicca: a idéia de que fazemos sacrifícios sangrentos, voamos em vassouras ou queremos jogar praga em todo mundo. Os wiccanos não fazem nenhuma dessas coisas. Em vez disso, nós procuramos crescer como pessoa, por meio da prece, da meditação, da visualização criativa e de encantamentos positivos que melhorem a nossa vida. Os wiccanos procuram combater diariamente projeções negativas e mostrar o caminho que escolheram pelo que ele verdadeiramente é.

O que diferencia a Wicca das outras religiões?

A Wicca não tem um livro sagrado ou uma escritura. Em vez disso, nós usamos o bom senso e procuramos ter ética, não prejudicamos ninguém e acatamos a idéia básica de karma: as energias que você envia acabarão por voltar para você um dia. Além disso, a Wicca restitui o poder pessoal, principalmente de mulheres que se sentiram oprimidas por outros credos religiosos. Basicamente, os valores, idéias e conceitos ímpares da Wicca continuam a atrair praticantes e fazem dela uma das religiões que mais crescem nos Estados Unidos.

22 CONFISSÕES DE UMA BRUXA TEEN

Os wiccanos adoram o Diabo ou Satanás?

Os wiccanos não adoram nenhuma entidade maligna como o Diabo ou o Satanás cristão. Nós percebemos que existem influências negativas e pessoas ruins neste mundo, mas, em vez de culpar um demônio mitológico por certos comportamentos ou problemas, nós preferimos arcar com a nossa responsabilidade pessoal.

Ser wiccano exige algum tipo de gasto?

Tirando a aquisição ocasional de um livro ou instrumento, ser wiccano não exige nenhum gasto. Existem maneiras bem econômicas de se conseguir (ou fazer) instrumentos rituais. Você pode emprestar livros numa biblioteca ou consultar sites na Internet. Os covens às vezes pedem donativos e os festivais às vezes são pagos.

Que datas os wiccanos celebram?

Os wiccanos celebram oito datas especiais ao longo do ano. Esses Sabás — Yule, Imbolc, Ostara, Beltane, Litha, Lughnasadh, Mabon e Samhain — refletem as mudanças das estações e são uma representação simbólica do nascimento, da vida, da morte e do renascimento da figura do Deus. (Para ter informações mais detalhadas acerca das datas festivas, veja o Capítulo Sete.)

Qual a origem dos Sabás?

Muitos acreditam que as datas festivas wiccanas originaram-se de antigas tradições celtas da Europa setentrional. Mas é difícil precisar com exatidão sua origem. O que sabemos é que nossos Sabás marcam transições sazonais importantes, para celebrar as mudanças pelas quais a Terra passa. Independentemente do lugar onde se originaram, essas datas têm um significado especial para os wiccanos. Elas são dias sagrados, nos quais pagamos tributos a poderes superiores.

Os wiccanos podem continuar celebrando o Natal ou o Chanuká com a família, ou isso desagradaria aos poderes superiores?

Muitos wiccanos têm famílias cristãs, católicas ou judaicas, por isso eles estão acostumados a celebrar o Natal ou o Chanuká. Em geral, nessas datas os wiccanos preferem refletir sobre a importância da família, em vez de atribuir a elas uma conotação religiosa. Celebrar o Natal ou o Chanuká

FUNDAMENTOS DA WICCA 23

com a família também é uma ótima maneira de mostrar tolerância e respeito. A expectativa é que os membros dessas famílias não-wiccanas retribuam o favor e tenham mais tolerância com os costumes wiccanos. Não se preocupe com a possibilidade de desagradar à Deusa ou ao Deus. Tenho certeza de que eles compreendem a importância dessas reuniões.

Por que às vezes se escreve magick *em vez de magia?*

Muitos wiccanos acham necessário diferenciar a magia de palco da arte de lançar feitiços. Essa grafia alternativa, supostamente criada pelo cerimonialista Aleister Crowley, transmite imediatamente ao leitor a informação de que se está tratando de feitiços, não de coelhos saindo da cartola. Embora não seja tão comum, existe quem use a grafia *majick* ou *majik*. Seja qual for o método que você decida usar, lembre-se de que essas palavras significam a mesma coisa.

O que são correspondências?

Correspondência é um termo usado na Wicca que significa associação mágica. Trata-se de um jeito de ligar energias, conceitos e intenções. Por exemplo, o verde é uma cor geralmente associada ao dinheiro; portanto, ela corresponde a feitiços relacionados a objetivos financeiros e à prosperidade. Pode-se atribuir correspondências a ervas, óleos, influências planetárias, fases da lua, dias da semana e muito mais!

Quais são os elementos? O que eles têm a ver com a magia?

Os elementos são: a Terra, o Ar, o Fogo e a Água. Como precisamos de cada um desses elementos essenciais para sobreviver, dizem que essas energias têm poder. Durante a prática da magia e o lançamento do círculo, nós atraímos as energias dos elementos para nos ajudar em nossas tarefas. Basicamente, os praticantes de Bruxaria usam os elementos para entrar em sintonia com o universo.

O que o pentáculo representa? Ele é maligno?

O pentáculo é a estrela de cinco pontas dentro de um círculo. Cada ponta da estrela representa um dos quatro elementos (terra, ar, fogo e água), e a quinta ponta significa Akasha (o espírito). O círculo representa os ciclos: o ciclo lunar, o ciclo sazonal, assim como os ciclos da vida, da morte e do renascimento. Os pentáculos são símbolos usados principalmente para proteção e purificação. Geralmente usado como adereço (tanto por

24 CONFISSÕES DE UMA BRUXA TEEN

homens quanto por mulheres) ou colocado sobre o altar, para abençoar e consagrar objetos, esse símbolo wiccano não é maligno; na verdade, ele transmite conforto, confiança e uma sensação de poder aos praticantes.

O que é visualização?

Visualização é o processo de fixar uma imagem na mente. Os praticantes geralmente fazem visualizações durante os feitiços, os rituais e os exercícios de meditação. O propósito da visualização é enfocar um objetivo específico e dirigir o pensamento para atingir um determinado resultado. A visualização é uma habilidade que se desenvolve lentamente e se aprimora com o tempo. Se uma névoa branca teima em aparecer sempre que você tenta fazer conjurações mentais, procure visualizar flocos de neve ou descargas elétricas. Depois que você conseguir "ver" o seu objetivo mentalmente, o seu desejo saberá como se manifestar.

Existe algum livro que possa ser considerado a bíblia dos wiccanos?

O termo bíblia em geral é associado ao Catolicismo ou ao Cristianismo. Como a Wicca não faz parte desses caminhos religiosos, é difícil atribuir esse rótulo a textos ou escrituras ligadas à Wicca. Embora muitos livros tenham sido publicados sobre a Wicca e sejam fontes de consulta para os wiccanos, não existe nenhum livro considerado sagrado pelos praticantes da Wicca. Paralelamente a esses livros publicados, muitos wiccanos mantém o que eles chamam de Livro das Sombras.

O que é Livro das Sombras?

Livro das Sombras é um diário criado e usado pelos praticantes da Wicca. Toda pessoa tem a opção de usar um e muitos optam por tirar proveito de seus benefícios. No Livro das Sombras, pode haver registros de feitiços, preces, invocações e experiências mágicas. No entanto, o que mais se vê nesses livros são reflexões pessoais, informações sobre festivais, rituais e divindades, além de registros de sonhos. Como o Livro das Sombras wiccano é considerado sagrado, muitos preferem guardá-lo num local seguro. (Veja o final deste capítulo para saber como criar o seu próprio Livro das Sombras.)

Gwinevere, a princípio, o que chamou a sua atenção na Wicca?

Muitas coisas chamaram a minha atenção; eu notei que essa religião permite que os praticantes adaptem o seu caminho às suas necessidades pessoais. Eu adoro a idéia de cultuar uma Deusa. Como uma jovem mulher, eu ansiava por conhecer um poder feminino superior. A Wicca proporcionou-me esse conforto. A magia é uma fonte de fortalecimento que ajudou a aumentar ainda mais a minha vontade de ser wiccana. Cada um desses conceitos chamou a minha atenção para esse caminho e fez com que esse interesse se mantivesse.

O que é um coven?

O coven consiste em três praticantes ou mais que se reúnem e lançam feitiços, celebram os festivais e realizam rituais de Lua Cheia. Em geral, o coven é liderado por uma Suma Sacerdotisa ou Sumo Sacerdote. Os encontros dos covens geralmente acontecem mensalmente ou a cada quinze dias.

Quais são os princípios básicos da meditação?

A meditação é uma prática saudável que pode melhorar a concentração e a consciência parapsíquica. Antes de se iniciar uma sessão de meditação, é preciso tomar algumas providências importantes. Primeiro, o ideal é que a atmosfera seja tranqüila e reservada. Se quiser, para criar um clima mais envolvente, você pode optar por uma iluminação suave e uma música de fundo (de preferência instrumental, como as que têm sons da natureza ou que induzem ao transe). Durante as minhas meditações, eu prefiro acender duas ou três velas num lugar seguro, sobre uma superfície estável. Eu quero que toda a minha atenção esteja concentrada no exercício, em vez de me preocupar com a possibilidade de as velas caírem.

Alguns wiccanos preferem adotar uma determinada posição ao meditar. Eu acho mais importante que a pessoa fique confortável. Experimente várias posições diferentes – sentado com as pernas cruzadas, deitado na cama, de joelhos sobre uma almofada –, até encontrar uma que o agrade mais. O objetivo da meditação é ficar calmo e centrado. Nos exercícios orientados, você pode gravar as instruções numa fita cassete e ouvi-la enquanto faz o exercício ou ler o exercício várias vezes até conseguir gravar na memória as imagens e as instruções que o compõem. Você não tem de decorar todos os detalhes, mas é importante cumprir todas as etapas da meditação lentamente e terminá-la do mesmo jeito.

Os wiccanos têm de tentar converter os não-praticantes à religião wiccana?

Não, os wiccanos não fazem proselitismo. O livre-arbítrio é um aspecto fundamental da Wicca, por isso acreditamos que cada pessoa deve encontrar a religião que mais lhe agrade, sem que ninguém tente persuadi-la a seguir um determinado caminho. No final, ela pode ou não se decidir pela Wicca.

O que é dogma e como ele se relaciona com a Wicca?

Esse tema ocasionalmente vem à tona nos livros sobre a Wicca. Dogma é um conjunto de crenças ou credos. A Rede Wiccana e a Lei de Três poderiam ser consideradas dogmas wiccanos. Os termos "dogmático" e "dogmatismo" têm conotações mais negativas. Grosso modo, eles significam que uma pessoa ou um grupo de pessoas tem crenças muito rígidas e as defendem com fervor. Essas pessoas geralmente se expressam de maneira intolerante, dando a impressão de que a sua filosofia deve ser aceita sem questionamento ou sem que se considere a possibilidade de alguém dar a ela outra interpretação.

Que conselho você dá para aqueles que estão pensando em se tornar wiccanos?

O melhor conselho que eu posso dar é que você siga o seu coração e ouça a sua intuição. Só você sabe o que é melhor para você e o que você quer conquistar na vida. Leia bastante sobre a Wicca, pois é preciso que você compreenda perfeitamente esse caminho antes de tomar qualquer decisão importante. Se você perceber que a Wicca é a religião certa para você, lembre-se de respeitar a Rede Wiccana e os seus próprios princípios éticos.

A Escolha do Nome de Bruxo

Para muitos praticantes, o nome de bruxo marca a transição e o início do caminho wiccano. Ele é usado, basicamente, para representar o nascimento do seu novo eu mágico! Além disso, algumas pessoas acham que o nome que receberam ao nascer não combina com a personalidade delas. Para complementar o que talvez falte no nome que recebeu dos pais, o praticante wiccano pode escolher um nome com um simbolismo e significado profundos, que reflita verdadeiramente o seu espírito interior. O fato de o praticante ter um nome de bruxo não significa que ele tenha renegado ou substituído o seu nome de nascimento. Se você acha que o nome de bruxo não serve a nenhum propósito na sua vida, tudo bem também, pois essa prática é absolutamente opcional.

Existem muitas maneiras de se escolher um nome de bruxo. Perceba que esse processo de escolha varia de pessoa para pessoa e pode exigir várias tentativas. Considere as técnicas a seguir:

Trabalho com sonhos. Deixe uma caneta e um caderno (ou o seu Livro das Sombras) ao lado da cama, uma noite. Antes de dormir, peça à Deusa ou ao Deus para que lhe inspire um nome mágico. Ao acordar, recorde-se de qualquer sonho que tenha tido, prestando atenção em qualquer símbolo ou mensagem que possa ter sido transmitida.

Divinação. O uso contínuo do tarô, das runas ou de outros métodos divinatórios pode ajudá-lo a escolher um nome de bruxo, pois isso abre a sua mente parapsíquica, revelando imagens interiores.

Associação de palavras. Numa folha de papel, tome nota das suas impressões iniciais com relação às palavras a seguir. Não tente analisar esses conceitos; só escreva a primeira coisa que lhe ocorrer: *Deusa, Wicca, Magia, Deus, Mistério, Criativo, Beleza, Encantamento, Eterno, Bruxaria.*

Reflita sobre as palavras-chave que você escreveu durante esse exercício. Por que você as escolheu? O que elas revelam acerca da sua busca por um nome mágico e da sua jornada pela Wicca?

Cânticos. A repetição de um cântico ou de um encantamento mágico pode neutralizar a sua mente analítica e despertar o seu subconsciente. Lembre-se de anotar rapidamente os símbolos ou palavras que lhe ocorrerem enquanto estiver entoando os cânticos.

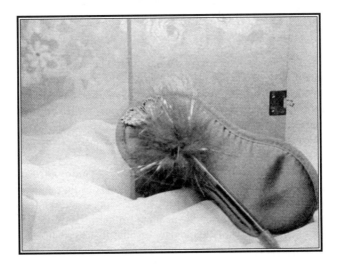

> **⚜ Do Livro das Sombras de Gwinevere**
> *9 de julho de 2000 – 15 anos*
> Faz aproximadamente um ano que estou praticando a Wicca. Aprendi muito sobre mim mesma e sobre esse caminho tão belo! Ao longo desse período, assumi vários nomes mágicos diferentes: "Rain", depois "Coyote Rain", mas agora eu me tornei Gwinevere Rain.

> **⚜ Do Livro das Sombras de Gwinevere**
> *3 de maio de 2004 – 19 anos*
> Eu estava relendo o meu antigo Livro das Sombras e me deparei com várias passagens em que assinei como "Coyote Rain". O que eu tinha na cabeça? Ainda bem que continuei procurando um nome mágico, porque Gwinevere Rain se tornou uma parte da minha identidade, como pessoa, como wiccana e como escritora.

Meditação orientada/Pathworking. Pesquise, na Internet ou em livro sobre a Wicca, meditações com visualizações predeterminadas. Essas visualizações levam você a um mundo da fantasia e da imaginação – um lugar perfeito para descobrir um nome de bruxo.

Predileções. Talvez o modo mais fácil para escolher um nome mágico seja fazer uma lista das suas predileções. Pense nas cores, nos elementos, nos animais, nos corpos celestes, nas pedras, nos cristais, nas coisas da natureza, nas flores e nas ervas e então combine dois ou três desses conceitos. Procure juntar palavras de modo criativo. Por exemplo, nomes como "Lobo Alcaçuz" ou "Rosa Citrina" são originais e expressivos.

Você também pode encontrar um nome mágico usando outros métodos, como pesquisar a mitologia, lançar um feitiço ou consultar a numerologia. Seja composto de vários termos ou de apenas um, o seu nome de bruxo tem potencial para fazer a luz da sua alma brilhar no mundo exterior. Se você está encontrando dificuldade para escolhê-lo, não se desespere. Com tempo e determinação, você o encontrará. Ou será encontrado por ele!

FUNDAMENTOS DA WICCA 29

*Não foi nada fácil encontrar o meu nome de bruxo. Eu decidi pedir
ajuda à Divindade. Também pedi a orientação do meu guia espiritual
e dos meus anjos guardiões.*

— ANUBIS RAINHAWK, 15 ANOS, CALIFÓRNIA, EUA

*Sempre que eu lia num livro algo sobre encontrar um nome de bruxo,
eu ficava preocupado porque ainda não tinha encontrado o meu. Então
tentei fazer um nome aflorar na marra. Não adiantou; nenhum nome
parecia combinar comigo. Tem coisa que não dá para forçar. Tudo o
que você pode fazer é esperar.*

— LYNX SONG, 15 ANOS, LOUISIANA, EUA

A Criação de um Livro das Sombras

Talvez o instrumento mais pessoal usado na Wicca seja o Livro das Sombras, que contém os registros da jornada do bruxo, mas é muito mais do que um livro de memórias. O Livro das Sombras (também chamado pelas suas iniciais LDS) é um retrato íntimo por escrito, repleto de experiências mágicas absolutamente únicas.

Se você está com receio de iniciar um Livro das Sombras por medo de que ele não seja lá muito bom, deixe de lado as dúvidas e a hesitação. O que faz desse livro algo sagrado e especial não é sua aparência ou organização perfeitas; é o amor e a dedicação do praticante que encanta as suas páginas. O que vem a seguir são as minhas opiniões pessoais sobre a criação de um Livro das Sombras; sinta-se à vontade para personalizá-lo, de modo que ele se adapte às suas necessidades pessoais.

Como Fazer o seu Próprio Livro

Você pode fazer o seu Livro das Sombras com vários materiais diferentes. É claro que a sua escolha vai depender das suas intenções e dos materiais que você tem à disposição, mas lembre-se também de levar em conta a praticidade, pois você o usará com certa freqüência. Se você é canhoto, um caderno de capa dura pode não ser o mais apropriado para você. Ao ler os itens abaixo, leve em consideração os prós e os contras de cada um deles, antes de fazer a sua escolha.

Um diário com cadeado. Se você optar por esse tipo de Livro, manterá os seus escritos mágicos longe dos olhos de outras pessoas. Se você faz ques-

❧ Do Livro das Sombras de Gwinevere

Eu poderia ficar a noite inteira escrevendo no meu Livro das Sombras. Eu acabei de comprar outro para começar tudo de novo. A caneta desliza pelo papel e os meus pensamentos são claros e autênticos. E já sinto que as minhas opiniões são respeitadas.

---

tão de privacidade (talvez você divida o quarto com outros irmãos), esta talvez seja a melhor opção para você.

Caderno espiral. Se você quer ter um Livro das Sombras que assente perfeitamente sobre uma superfície e permita que você arranque as páginas, então o caderno espiral é perfeito para as suas necessidades. Lembre-se de organizar as seções cuidadosamente, deixando páginas suficientes para cada tópico.

Fichário. O meu Livro das Sombras é um fichário. Ele é extremamente funcional (você pode remover e acrescentar folhas à vontade) e permite que você use a criatividade, pois pode decorá-lo como quiser. (Consulte a página seguinte para ter mais detalhes.) A única desvantagem é que ele é grande e volumoso, o que pode dificultar o trabalho num círculo pequeno ou num altar.

Caderno de capa dura. Embora seja bonito, o caderno de capa dura pode não ser muito prático. Se uma página for arrancada, outras poderão começar a cair. Além disso, você pode não conseguir deixá-lo aberto durante a realização de um ritual. Se o seu coração clama por um belo caderno de capa dura, use um como diário, para registrar as suas reflexões sobre o seu dia-a-dia como bruxo, e um fichário para registrar informações sobre rituais e exercícios de desenvolvimento pessoal.

Disquete/CD-ROM. Se você entende de informática e prefere digitar em vez de escrever à mão, talvez a melhor opção seja usar um disquete ou CD-ROM como seu Livro das Sombras. No entanto, esse eficiente método também tem suas desvantagens, pois você pode não ter uma cópia impressa para usar durante os rituais. Por isso, pense na possibilidade de digitar, editar e depois imprimir os seus registros pessoais e as informações sobre Bruxaria. Desse modo, você terá esse material à disposição, tanto em papel quanto no computador.

O meu primeiro Livro das Sombras foi um fichário com várias divisões. Além de serem mais fáceis de organizar, os fichários facilitam a busca de informações. No entanto, à certa altura eu percebi que o fichário não me servia mais. Agora eu tenho um caderno de capa dura, que eu uso para escrever os meus rituais e experiências mais importantes.

— Pytho, 14 anos, Milão, Itália

Organização e decoração do Livro das Sombras

O seu Livro das Sombras ficará mais organizado se tiver várias divisões. Se você usa um fichário como Livro das Sombras, use etiquetas para dividir as páginas. Assim você achará facilmente a informação que procura. Nos cadernos de capa dura, cole uma etiqueta feita à mão ou dobre a primeira página ao meio para marcar o começo de cada divisão. A seguir, você encontrará mais dicas sobre como dividir o seu LDS.

O seu Livro das Sombras ficará mais personalizado se você usar um papel decorado. Se usar um fichário, o papel decorado fará com que ele perca aquele ar de pasta escolar.

As papelarias costumam ter vários tipos de folhas para fichário, de várias cores diferentes, e as lojas de materiais artísticos costumam ter vários tipos de material para confecção de álbuns (os chamados *scrapbooks*) e que podem ser usados no seu Livro das Sombras. Visite vários lugares diferentes e aproveite a sua aventura pelo mundo das compras. Para que o seu Livro das Sombras brilhe como um arco-íris, use cores diferentes em cada seção!

O papel de impressora ou o papel sulfite podem ser opções mais baratas. Acrescente adesivos, recorte figuras de revistas e solte o artista que existe dentro de você, usando selos, lápis de cera ou lápis de cor.

Talvez você precise de um furador para colocar as folhas no fichário. Você pode comprar um numa papelaria por um precinho bem camarada. Como esse é um objeto que você só terá de comprar uma vez e que traz muitos benefícios — é fácil de usar, facilita a organização e permite que você acrescente ao seu fichário qualquer tipo de papel, você não se arrependerá de comprá-lo.

ꔮ Do Livro das Sombras de Gwinevere
16 de agosto de 1999 — 15 anos

Depois de folhear o meu Livro das Sombras por uma boa meia hora, eu percebi que precisava urgentemente organizá-lo. Foi por isso que eu criei uma divisão para rituais e feitiços, na qual eu anoto todos os detalhes dos meus feitiços e rituais e o motivo que me levou a realizá-los. Assim eu sei onde encontrar as anotações referentes às minhas experiências com a Bruxaria, sem ter de folhear todo o meu livro para saber se eu realizei um ritual de Sabá no mês anterior. Além do mais, esse é um ótimo jeito de saber quantos feitiços eu fiz e o dia exato em que eles foram lançados.

AS DIVISÕES DO LIVRO

As divisões do seu Livro das Sombras são como os capítulos de um romance. Elas ajudam a fazer interrupções no texto e tornam a leitura mais eficiente e organizada. Para aproveitar ao máximo essas divisões, organize-as de tal modo que elas pareçam seguir uma ordem natural. Considere as sugestões a seguir, acrescentando divisões, alterando-as ou reordenando-as para que elas fluam melhor.

Diário. Use esta seção para relatar experiências importantes e reflexões diárias sobre espiritualidade, Wicca e magia. Esse também é o melhor lugar para poesias, desenhos e registros de sonhos.

A Deusa e o Deus. Use esta divisão para registrar mitos e histórias relacionadas às divindades, invocações, preces e meditações orientadas.

Lançamento do círculo. Registre as ocasiões em que você lançou um círculo sagrado (veja no Capítulo Seis como criar um círculo). Inclua também um diagrama mostrando a disposição dos objetos no altar, uma lista do material usado em cada ritual e informações sobre os instrumentos rituais.

Rituais. Registre rituais de Sabás, rituais de Lua Cheia, assim como ritos de consagração e a disposição dos objetos no altar.

Correspondências. Nesta divisão você pode ter todas as informações sobre magia, as melhores épocas para realizar cada ritual ou feitiço, as cores das velas, as propriedades das ervas, dos óleos, dos incensos, etc.

Feitiços. Nesta divisão, registre todos os encantamentos mágicos que você lançou e também os seus favoritos.

Outros itens que você pode incluir no seu Livro das Sombras:

Bênçãos para o livro
O relato sobre como você se tornou wiccano
Informações pessoais: o seu nome de bruxo, a data do seu aniversário,
 o seu signo astrológico, etc.
Idéias e reflexões sobre magia
A versão poética completa da Rede Wiccana
Página de rituais e feitiços (veja um exemplo na página 35)

Você quer economizar tempo? Tire uma xerox dos rituais ou de informações importantes tiradas de outros livros sobre a Wicca (como o Ritual da Bênção do Altar, no Capítulo Três). Depois fure a xerox com o furador e acrescente-a ao seu Livro das Sombras, para tê-la sempre à mão. Lembre-se de anotar o título do livro, o autor e o número da página no verso da folha, para futuras referências.

Depois que tiver criado o seu Livro das Sombras, escreva o seu próprio ritual de bênçãos. Para se beneficiar ao máximo do seu Livro das Sombras, procure escrever nele com freqüência. Se você não tiver tempo de escrever diariamente, procure fazer isso pelo menos uma vez por semana, pois será o suficiente. Que o seu livro se torne um belo reflexo da sua jornada pela magia. Divirta-se!

Página de Rituais e Feitiços

NOME DO RITUAL/FEITIÇO   PROPÓSITO   DATA

1.
2.
3.
4.
5.
6.
7.
8.
9.
10.
11.
12.
13.
14.
15.
16.
17.
18.
19.
20.

Divinação

A divinação é a arte mágica de encontrar respostas para perguntas relativas ao passado, ao presente ou ao futuro. O uso de poderes parapsíquicos, aliado ao conhecimento de uma técnica de divinação e ao auxílio da Deusa e do Deus, é um instrumento para se encontrar respostas e orientação. Usados equivocadamente para ler a sorte, o tarô, as runas e outros métodos de divinação são meios que podemos usar para conhecer os possíveis resultados de uma ação e para revelar alternativas não conhecidas. Trata-se do processo de se tornar receptivo às energias interiores e de usá-las para tomar a direção certa. As informações obtidas por meio dos instrumentos de divinação não são definitivas; elas podem mudar caso a pessoa em questão mude o seu curso de ação. Alguns wiccanos usam a divinação; outros não. Trata-se de uma prática absolutamente opcional. Aqueles que praticam essa arte usam determinados recursos e objetos para:

- tomar decisões no dia-a-dia
- conseguir uma compreensão mais ampla de uma situação ou circunstância
- ajudar outras pessoas a compreender melhor a própria vida
- aumentar a consciência das forças da intuição e dos poderes parapsíquicos
- saber se uma magia deve ou não ser usada num determinado momento

Não existem regras preestabelecidas com relação à prática da divinação, por isso você terá de se nortear pelos seus próprios princípios éticos. A divinação apenas dá a você uma orientação, por isso não leve muito a sério as informações obtidas por meio dela — às vezes a leitura que você faz está simplesmente errada. Siga a sua intuição quando você se sentir desorientado. Nesta seção, eu incluí a descrição de vários dos métodos mais populares usados e algumas dicas sobre os cuidados que você deve ter ao usar cada um desses métodos. Também existem outras técnicas de divinação não mencionadas neste livro, como, por exemplo, a numerologia, a radiestesia, a leitura de folhas e o I Ching.

O baralho de **tarô** tem setenta e oito cartas ilustradas, que se dividem em duas partes: vinte e dois Arcanos Maiores e cinqüenta e seis Arcanos Menores. Os Arcanos Maiores representam questões espirituais, fases, mudanças e desafios importantes. Os Arcanos Menores representam situações vividas no dia-a-dia, relacionamentos, dinheiro, etc., e se dividem em quatro naipes: Ouros, Paus, Copas e Espadas. Alguns baralhos usam termos diferentes, como Moedas em vez de Ouros ou Varas em vez de Paus, mas os significados continuam sendo os mesmos. Os quatro naipes também estão relacionados aos elementos. Ouros está associado à terra; paus está associado ao fogo; Copas corresponde à água e Espadas ao ar. Para usar o tarô, as cartas são embaralhadas e dispostas de uma forma predefinida. As cartas são então abertas uma a uma e o seu significado, determinado pelo seu simbolismo e pelo lugar em que foi colocada.

A **escriação** é a arte de fitar a superfície de um objeto, aquietar a mente e deixar que imagens se formem no seu terceiro olho (chakra frontal). Os instrumentos mais usados para a escriação são a bola de cristal, o espelho negro, o caldeirão cheio de água ou a vasilha. Esse processo induzido de clarividência é geralmente feito à luz de velas e os símbolos recebidos são posteriormente registrados por escrito e então interpretados.

A **quiromancia** é a arte de ler as mãos. Muitas pessoas sabem que o quiromante analisa algumas linhas das mãos, mas desconhecem o fato de que ele também observa o tamanho, o formato e o comprimento da mão. O formato e o comprimento dos dedos também são levados em conta. A análise desses fatores pode revelar circunstâncias da vida da pessoa, os seus traços de personalidade e até mesmo o seu futuro!

As **runas** são um conjunto de vinte e cinco símbolos usados tanto em magia quanto na divinação. Nesse caso, as runas têm dois formatos diferentes: elas são ilustradas em cartas (assim como um baralho de tarô) ou inscritas em pedrinhas (ou gravadas em peças de argila). As pedrinhas costumam ser mais usadas porque elas podem ser feitas à mão pelo praticante. De origem nórdica, as runas representam diferentes aspectos da vida, como família, vida profissional, dinheiro e questões emocionais como amor, criatividade ou medo. O uso desse sistema de divinação é parecido com o do tarô: basta dispô-las numa certa ordem ou espalhá-las sobre uma superfície. Também é possível sortear uma runa ao acaso, depois de formular uma pergunta ou mencionar uma questão em particular.

Cuidados que se deve ter com os métodos de divinação

- Quando adquirir um novo instrumento de divinação, consagre-o para que ele fique protegido de energias negativas.

- Quando não estiver sendo usado, deixe-o sempre no mesmo lugar, de preferência numa caixa ou num cestinho sobre o altar.

- Manuseie-o e use-o regularmente, para estabelecer um vínculo energético entre ele e você.

- Medite antes de fazer a divinação e peça à Deusa e ao Deus para que abençoem a sua consulta e façam com que ela seja precisa.
- Depois de concluída a leitura, escreva algumas sentenças curtas sobre a sua experiência. Registre a sua pergunta por escrito, assim como a clareza da resposta e o modo como ela influenciou a sua idéia inicial sobre a questão.

⚹ Do Livro das Sombras de Gwinevere
31 de outubro de 2001 – 17 anos
Durante um ritual de Samhain, eu queimei sálvia e usei o meu novo pêndulo. Perguntei que rumo a minha carreira como escritora iria tomar e também fiz outras perguntas sobre a minha vida. A divinação é muito eficaz principalmente durante o Samhain, quando os portões para outros reinos estão abertos. Eu geralmente percebo que os meus poderes parapsíquicos e a minha intuição ficam mais intensos nessa época.

DOIS

O Bom Wiccano

O que faz de alguém um bom wiccano? A resposta pode surpreender você. Ser um bom wiccano não é fazer tudo de maneira correta e impecável logo da primeira vez. Nesta religião, ninguém espera perfeição. O resultado da sua prática não tem nada a ver com fatores externos, como o número de instrumentos de altar que você tem, a quantidade de livros que leu ou os anos de prática que acumulou. Ser um bom wiccano significa respeitar a si mesmo, viver de maneira ética e abrir a sua mente, o seu corpo e a sua alma para o universo e as suas mensagens.

O título deste capítulo é um jogo de palavras, assim como Glenda perguntou a Dorothy no *Mágico de Oz* se ela era uma bruxa boa ou uma bruxa má. Ela deveria ter perguntado se o objetivo de Dorothy era ajudar as pessoas ou prejudicá-las. Existem códigos de conduta que pretendem ajudar os wiccanos a trilhar um caminho moralmente correto. Como esses princípios éticos não dão detalhes acerca de todas as situações que podem ocorrer na nossa vida diária, a frase "de acordo com a sua interpretação pessoal" geralmente é mencionada. Não é nada fácil ser o responsável por definir esses detalhes, mas isso é necessário para o seu desenvolvimento pessoal e espiritual. Essas diretrizes não existem para restringir a sua vida; elas servem para beneficiá-lo não só como wiccano, mas também como pessoa e também para dar mais sentido à sua prática em magia.

40 CONFISSÕES DE UMA BRUXA TEEN

Eu acho que a Wicca abriu os meus olhos e a minha cabeça. Eu me sinto uma pessoa menos superficial e mais aberta aos meus sentimentos.

— LUNA, 16 ANOS, FINLÂNDIA

A Rede Wiccana

Sempre que estamos tentando definir as nossas crenças para alguém que não conhece a religião wiccana, nós falamos sobre o nosso conceito de divindade, damos informações sobre magia e sobre os festivais, mas, acima de tudo, procuramos explicar os princípios éticos de um wiccano. Nossa Rede, "Se não prejudicar ninguém, faze o que quiseres", é um fundamento da Wicca. Essa é uma frase curta, mas com um significado profundo e surpreendente. Apesar da existência de tantas tradições e filosofias ecléticas, é essa regra que nos une.

A Wicca me deu uma sensação de poder. Praticando a minha espiritualidade, eu consigo me sentir no comando da minha vida.

— PYTHO, 14 ANOS, MILÃO, ITÁLIA

Quando uma pessoa se identifica como wiccana, esse título me revela que ela procura viver sua vida honestamente, seguindo a sua intuição e seus princípios de moral. A Rede Wiccana deixa claro para todos os wiccanos que eles têm de praticar sua religião com senso moral e ético, sem deixar nenhuma margem para desvios. As práticas wiccanas podem variar muito, mas o respeito que os wiccanos têm pela Rede é algo que torna ainda mais forte o laço que os une. Em sua forma original, a Rede Wiccana é um belo poema, que dá detalhes sobre rituais, divindades e modos específicos de conduta. Desde que o artigo "The Rede of the Wiccae" foi publicado pela primeira vez pela Madame Gwen Thompson, na revista *Green Egg*, muitas tradições wiccanas instituíram a sua própria versão. Outra versão tão conhecida como essa é "Witch's Creed", de Doreen Valiente, que foi publicada em *Witchcraft for Tomorrow*. O último credo é um princípio básico dentro da tradição Gardneriana. Nos últimos anos, muitos livros e websites discutem o assunto em detalhes, dissecando o significado da Rede Wiccana verso por verso. Eu prefiro olhar sua mensagem como um todo. Se você ficou confuso depois de ler as várias versões que ela tem, deixe de lado a linguagem rebuscada e as referências ritualísticas, porque, em suma, tudo o que a Rede quer dizer é: não prejudique ninguém.

Eu não pratico a Rede Wiccana na sua forma comum, embora eu acredite que o meu caminho espiritual seja influenciado pela Regra de Ouro, "Não faça aos outros o que você não gostaria que fizessem a você".

— GEDE, 15 ANOS, QUEENSLAND, AUSTRÁLIA

Eu admito que a expressão "Não prejudique ninguém" é ampla demais para definir nossos princípios éticos. No entanto, fazendo uma reflexão mais profunda, eu me perguntei o que ela de fato significaria. Cheguei à conclusão de que ela tem um significado mais profundo. Como cada pessoa interpreta as coisas de um jeito, eu posso não conseguir lhe dar uma resposta completa, que esteja de acordo com as suas próprias crenças, mas eu darei a você a definição que eu mesma uso: "Não prejudique ninguém" significa fazer o máximo para não prejudicar ninguém (inclusive você mesmo), do ponto de vista físico, mental ou emocional. No meu modo de ver, também é preciso dizer que os animais — tanto os domésticos quanto os selvagens — nunca devem ser feridos de maneira proposital. A crueldade com os animais é terrível e não é admitida na Wicca.

> ✣ **Do Livro das Sombras de Gwinevere**
> *28 de maio de 1999 – 14 anos*
> Às vezes eu fico imaginando como as coisas seriam diferentes se todos neste mundo acatassem a idéia de não prejudicar ninguém. Tudo mudaria.

Não existem princípios éticos específicos com relação à Bruxaria. Ao contrário da Wicca, o caminho da Bruxaria não é tão bem definido. As pessoas ainda nem chegaram a uma conclusão sobre se ela deve ser ou não ser considerada uma religião! Algumas pessoas acham que essa imprecisão é benéfica, pois não restringe os praticantes de nenhuma forma. Outras a consideram prejudicial e acham que deveriam existir regras de conduta mais claras. Independente disso, quando você ouvir alguém se auto-intitulando wiccano, pode presumir com certa certeza que essa pessoa procura respeitar a Rede.

Eu acho que a Rede Wiccana é uma lei contra as más intenções. A idéia principal é respeitar a vida e encontrar um equilíbrio.

— Ariawn, 19 anos, Ohio, EUA

Eu acho que a Rede Wiccana é mais um poema do que uma lei; as decisões têm de ser tomadas com base no bom senso e no coração.

— Luna, 16 anos, Finlândia

Eu acho que a Rede é como outros credos religiosos e espirituais que as pessoas conhecem. Isso fortalece a idéia de que, apesar da diferença de crença, existe um elemento comum que todos os credos em geral compartilham: devemos tratar uns aos outros com bondade e respeitar o que é sagrado.

— Gede, 15 anos, Queensland, Austrália

A Regra de Três

A Regra de Três (também conhecida como Lei Tríplice) é uma extensão da Rede Wiccana. No fundo, a mensagem que ela transmite é um aviso de cunho kármico: a energia que você emana e as ações que pratica acabam voltando para você com uma força três vezes maior. Esse conceito não é

O BOM WICCANO 43

novo. Na verdade, a expressão "faça aos outros o que você gostaria que fizessem a você" tem centenas de anos. Os wiccanos só a deixaram um pouco mais rebuscada. A sua energia, seja ela positiva ou negativa, volta para você, a certa altura da sua vida, mas com força triplicada. O universo decide como e quando. Nós controlamos o porquê.

Eu não acredito que o propósito do karma seja prejudicar pessoas boas ou impedir que vivamos nossa vida plenamente. Ele existe para que possamos tomar consciência até das nossas ações negativas mais insignificantes. Por exemplo, furtar um livro pode parecer uma coisinha à toa no grande esquema da vida, mas só o fato de saber que o universo está de olho em nós é suficiente para que pensemos duas vezes antes de fazer tal coisa. A Rede estabelece as diretrizes éticas e a Lei de Três nos faz tomar consciência das possíveis conseqüências.

⚜ Do Livro das Sombras de Gwinevere
14 de julho de 1999 – 14 anos
Foi só recentemente que eu comecei a considerar a Lei de Três fora do contexto da magia. E se tudo o que eu irradiar para o mundo um dia voltar para mim? Todo o meu bem criará coisas positivas e todas as minhas ações negativas, ou não tão boas, voltarão na forma de influências negativas. Para mim, essa pequena informação é como um guia para o meu futuro. Viva no bem e você terá o bem. Considerando toda a energia que precisamos despender para sermos rudes ou prejudicarmos alguém, para que nos darmos ao trabalho? Andar no bom caminho vale muito mais a pena.

Eu acredito na lei científica e metafísica da "ação e reação"; que todas as nossas ações trazem conseqüências que dependem da natureza da ação inicial.

— GEDE, 15 ANOS, QUEENSLAND, AUSTRÁLIA

Magia e Ética

Eu posso entender perfeitamente por que alguns wiccanos acham que os feitiços contribuem para manchar a reputação da nossa Arte. Isso é verdade; a mídia tende a enfocar só os feitiços e alguns iniciantes parecem cegos para o fato de que existe uma religião por trás da magia. No entanto,

44 CONFISSÕES DE UMA BRUXA TEEN

isso não é desculpa para se dizer coisas esnobes como: "Ser wiccano é mais do que acender velas e entoar palavras mágicas". A magia é belíssima. Precisamos reconhecer o seu poder e majestade em vez de renegá-la! A magia é uma parte de nós, uma parte deste caminho espiritual, que precisa ser respeitada e usada sempre que a nossa bússola interior assim sugerir. Dito isso, vamos agora tratar da responsabilidade de se fazer magia. Se você já vem praticando Bruxaria há algum tempo, provavelmente já consegue perceber em que situações convém lançar mão da magia e em quais é melhor usar recursos mais mundanos. Peço agora a atenção dos wiccanos mais novatos; chegou a hora de conhecer algumas normas da magia.

Eu procuro ficar longe dos feitiços que interferem no livre-arbítrio ou nas emoções de outra pessoa, pois eu acho que essas duas coisas são sagradas e não devemos nos meter com elas.

— CHIRON NIGHTWOLF, 16 ANOS, GEÓRGIA, EUA

POSITIVO *VERSUS* NEGATIVO

Uma parte do trabalho de magia consiste em enfocar o resultado desejado. O desejo da pessoa também está ligado à intenção que ela tem. Sempre que eu começo a criar um feitiço, eu pergunto a mim mesma qual é exatamente a minha necessidade e o meu desejo. Eu procuro definir o meu objetivo e reflito profundamente sobre a Rede Wiccana. Se eu sentir que o meu feitiço pode prejudicar ou manipular outra pessoa, paro imediatamente. É por esse motivo que eu preciso ter consciência da minha intenção.

Eu não uso os termos "magia branca" ou "magia negra", pois a intenção não é algo que se possa codificar com cores. Eu uso os conceitos "positivo" e "negativo". Os feitiços positivos, como os de cura ou de proteção, trazem conseqüências boas e proveitosas. Os feitiços negativos, como os de manipulação, usam a magia com a intenção de prejudicar ou controlar outra pessoa. Na maioria das vezes, é muito fácil identificar uma intenção. Se não for, faça o que você achar melhor depois de refletir a respeito da Rede.

Eu só lanço feitiços ou uso a magia para conseguir alguma coisa quando sinto que isso é absolutamente necessário e depois de ter tentado outros caminhos e métodos.

— GEDE, 15 ANOS, QUEENSLAND, AUSTRÁLIA

Feitiços que envolvem outras pessoas

Quando um membro da família ou um amigo procura você para pedir que lhe faça um feitiço, você pode se ver em maus lençóis. Eu não vou lhe dizer o que você tem de fazer, mas posso lhe dar várias dicas proveitosas.

1. Primeiro, seja honesto. Se achar que não tem experiência suficiente, diga! Explique gentilmente à pessoa que você preferia praticar um pouco mais antes de se aventurar a fazer feitiços para outras pessoas. Uma alternativa seria encorajar a pessoa a fazer ela mesma o feitiço. Se ela não quiser, ofereça-se para ajudá-la. Desse modo você poderá ajudá-la e ter também a chance de praticar.

2. Peça um tempo para pensar a respeito. A pessoa quer que você lance o feitiço *dela* no lugar *dela*. Como você se sente pensando nisso? Será que vale a pena? Ela está pedindo a você que prove que a magia funciona? Ela parece respeitar você ou o deixa com a impressão de que está sendo usado? O feitiço que ela está lhe pedindo vai contra as suas regras de moral ou contra os princípios éticos da Wicca?

3. Aprenda a dizer não. Alguém lhe pedir para lançar um feitiço absolutamente necessário é uma coisa. Agora, alguém lhe pedir cinco feitiços no período de um mês já é demais! Explique à pessoa, de maneira educada mas firme, que não pode atender ao pedido e lhe ofereça algumas alternativas (ou seja, enfrentar a situação sem recorrer à magia, rezar ou praticar meditação), para que ela não saia de mãos vazias.

4. Pode haver ocasiões em que você sinta desejo de ajudar, ao ver alguém em dificuldades. Por exemplo, o seu melhor amigo está passando por maus bocados. É natural que você pense em usar magia para ajudá-lo. No entanto, antes reflita sobre o que ele realmente precisa. Será que, em vez de um feitiço, ele não precisa é de uma conversa? Sempre é possível encontrar um modo de ajudar sem que seja preciso recorrer à magia.

Eu já fiz magia de cura para ajudar uma amiga. Nós estávamos num grupo pequeno e o clima era amistoso, aconchegante e cheio de amor. Embora estivéssemos na penumbra, todos vimos uma luz brilhante e sentimos a presença da Deusa quando pedimos ajuda para a nossa amiga. Foi uma experiência realmente inesquecível.

— CHIRON NIGHTWOLF, 16 ANOS, GEÓRGIA, EUA

Vamos dar um outro exemplo. Um membro da família pegou uma gripe e você quer que ele se recupere. Você faz uma sopa, ajuda a localizar o controle remoto da TV entre as almofadas do sofá, mas quer fazer ainda mais. Um feitiço de cura poderia enviar a ele algumas vibrações positivas e cheias de amor. Antes de lançar qualquer feitiço, tenha em mente a Rede Wiccana. "Não prejudique ninguém" inclui qualquer trabalho que interfira no livre-arbítrio de outra pessoa. Para ter certeza de que você pode seguir adiante com o seu feitiço, peça educadamente a permissão dessa pessoa que você ama. Seja o que for, ouça o que ela tem a dizer. Mesmo que a oferta seja feita com a melhor das intenções, algumas pessoas não querem que ninguém faça nenhum feitiço em benefício delas. Nesses casos, a prece é a melhor alternativa. Acalme a mente e peça à Deusa e ao Deus para que ajudem essa pessoa; depois, entregue tudo nas mãos da divindade.

FEITIÇOS DE AMOR

O tópico dos feitiços de amor é uma questão importante. *Por favor, leia esta seção atentamente.* Na minha opinião, a tentativa de fazer com que

Do Livro das Sombras de Gwinevere

2 de abril de 2001 – 16 anos

Para se lançar feitiços para outras pessoas, é preciso ter sensibilidade. O membro da família ou o amigo está confiando em você e esperando conseguir uma cura, mais proteção, cumprir uma tarefa ou satisfazer o desejo de ser amado. Eu faço o que posso, não só recorrendo à magia, mas dando apoio moral. Eu sinto que ajudar os outros, da maneira que for – seja com um abraço, um sorriso ou um ombro amigo neste mundo cruel – é algo que faz parte da minha vida como wiccana.

Do Livro das Sombras de Gwinevere

4 de junho de 2003 – 18 anos

Eu criei e lancei um "feitiço guerreiro" para uma amiga minha. O propósito mágico era aumentar a força interior, a convicção e a autoconfiança. Normalmente, eu me ligo com a minha energia pessoal por meio do chakra do terceiro olho (eu o sinto pulsar), mas dessa vez foi por meio do meu coração. Ele bateu mais rápido e se sentiu preenchido e cheio de carinho.

uma pessoa se apaixone por você, de romper um relacionamento ou de influenciar as emoções de alguém é uma violação à Rede Wiccana, uma interferência no livre-arbítrio e um jeito certo de gerar um karma ruim que acabará voltando.

Nunca é uma boa idéia lançar um feitiço de amor sobre uma determinada pessoa, para manipular os sentimentos dela. Por quê? Porque o amor tem de brotar espontaneamente. Trata-se de uma ligação espiritual profunda que se desenvolve naturalmente entre duas pessoas – e não o processo de meter o bedelho em tudo.

Existem outros tipos de feitiço de amor que podem ser lançados sem problemas? Existem! Existem muitos feitiços de amor que não resultam em zumbis rastejantes. Considere as idéias a seguir, caso queira atender ao seu coração e também beneficiar o seu espírito.

- *Aumente a sua auto-estima.* Reconheça o seu poder interior e as pessoas se sentirão naturalmente atraídas pela sua autoconfiança.

- *A pessoa certa, no momento certo.* Você não está atrás de casamento ou da sua alma gêmea; você só quer que uma pessoa divertida, inteligente e sensível apareça agora!
- *Abra as portas para o amor.* Faça uma lista das qualidades que você está procurando numa pessoa e "convide-a" a fazer parte da sua vida.

Não há nenhum problema em lançar um feitiço genérico para atrair mais amor, sentir amor ou expressar amor.

— ARIAWN, 19 ANOS, OHIO, EUA

Se você não consegue decidir se deve ou não lançar um determinado feitiço, faça a si mesmo as perguntas a seguir e você terá uma resposta!

1. Eu não me importaria se esse feitiço fosse lançado contra mim?
2. Eu estou disposta a me responsabilizar pelos meus atos?
3. Se lançar esse feitiço, vou estar prejudicando alguém ou interferindo no livre-arbítrio de outra pessoa?

Por fim, se você ainda está indeciso e questionando o resultado final do feitiço, não o lance! É melhor errar por excesso de cautela.

As Regras Wiccanas e o Dia-a-dia

Muitos iniciantes vêem a Rede e a Lei de Três como instruções que só dizem respeito à magia, mas elas se aplicam a muitas outras questões. Elas são princípios éticos para se seguir no dia-a-dia! O difícil é incorporar uma afirmação tão básica quanto "não prejudique ninguém" a situações da vida diária. Uma idéia-chave é ficar atento às suas ações. Se você está aborrecido com algo que disse ou fez, essa é uma indicação de que agiu mal. Agora é você quem precisa consertar as coisas.

Não precisa ficar preocupado por causa disso. Pouco a pouco, você vai conseguindo incorporar a Rede no seu cotidiano. Saiba também que, mesmo quando o seu conflito interior estiver resolvido, outros wiccanos podem se intrometer nos seus assuntos e discordar de você. Viva o seu caminho da maneira que você achar melhor. As outras pessoas sempre terão a opinião delas, mas a sua prática só diz respeito a você!

O BOM WICCANO   49

Um tópico que provoca discussões acaloradas é o vegetarianismo. Dizem por aí que o vegetarianismo faz parte do respeito à Rede. Eu até entendo por quê, mas a meu ver esse é um estilo de vida e uma opção a qual eu decidi não aderir. Existem muitos wiccanos que reconhecem que o vegetarianismo não é para todo mundo, mas alguns não conseguem ir além da sua interpretação pessoal da Rede e podem usar a sua falta de experiência ou o seu sentimento de culpa como armas para convencer você. Fique firme nas suas escolhas, sejam elas quais forem.

A Rede Wiccana nos exorta a refletir e a considerar as nossas ações, antes de assumir as conseqüências.

— GEDE, 15 ANOS, QUEENSLAND, AUSTRÁLIA

A Wicca me ensinou muitas coisas sobre poder — não sobre as outras pessoas, mas sobre mim e a minha vida. Eu aprendi que sou o único responsável pelos meus atos, pelas minhas conquistas e pelas minhas falhas.

— ANUBIS RAINHAWK, 15 ANOS, CALIFÓRNIA, EUA

Faça um Mapa do seu Caminho Espiritual

Neste capítulo, nós analisamos as regras e diretrizes wiccanas. Combinadas, essas idéias formam a estrutura básica da Wicca. Cabe a você construir e moldar a sua jornada espiritual sobre essas bases. Não existe um mapa do seu caminho espiritual, por isso é você mesmo que tem de fazer esse mapa. Lembre-se, quando estiver desorientado, sem saber que decisão tomar, use o poder da intuição para encontrar o melhor caminho.

A seguir, eu sugiro algumas perguntas para você usar como ponto de partida. Não se apresse para respondê-las. Se você levar dias para encontrar as respostas ou apenas alguns minutos, isso não importa. Registre as respostas no seu Livro das Sombras.

A princípio, o que despertou o seu interesse pela Wicca?

Descreva as mudanças positivas que a Wicca provocou na sua vida.

Complete a sentença a seguir: Ser wiccano significa...

Defina, com as suas próprias palavras, a expressão "Não prejudique ninguém".

50 CONFISSÕES DE UMA BRUXA TEEN

Você se imagina sendo um praticante solitário por anos a fio ou fica empolgado só de pensar em trabalhar com outras pessoas num grupo organizado ou num coven?

Que termos você mais gosta de usar quando quer definir a Wicca?

Quais são as atividades ou práticas, mágicas ou mundanas, de que você mais gosta?

Você se considera uma pessoa sensitiva ou intuitiva? Você tem interesse em expandir ou desenvolver as suas habilidades?

O que a prática da magia significa para você num nível pessoal, mais profundo?

Você acha que ainda está faltando alguma coisa na sua vida como wiccano? Se acha, explique que sentimentos ou práticas você gostaria de acrescentar a ela?

Faça um círculo em torno dos itens a seguir que lhe despertem mais interesse e formule uma sentença rápida sobre a razão por que os circulou. Cura, trabalho com a lua, divinação, pesquisa relacionada à Deusa, os elementos, herbalismo/ magia natural, etc.

O que você acha de praticar a Wicca vestido de céu, ou seja, nu?

Você quer cultuar ou focar as divindades de um panteão em particular (deuses e deusas celtas, egípcios, escandinavos, por exemplo)?

Qual a sua opinião a respeito da reencarnação?

Você tem lembranças de vidas passadas?

Se um dia você decidir viver com outra pessoa, gostaria de realizar um casamento à moda wiccana ou uma cerimônia tradicional?

Existe alguma prática wiccana da qual você discorde e não queira realizar?

No futuro, você pensa em ensinar sobre a Wicca a outras pessoas?

Existe algum método ou prática que você gostaria de aprender, assim como o tarô, a magia com velas ou a meditação?

Quando você imagina a si mesmo como um wiccano experiente, com anos e anos de prática, o que você vê?

Mesmo depois de ter respondido a essas perguntas, é importante perceber que é impossível fazer um mapa detalhado da sua jornada. Como

Do Livro das Sombras de Gwinevere
17 de maio de 2003 – 18 anos

Demorou bastante tempo para que eu deixasse de duvidar da minha prática. O mais engraçado é que as minhas dúvidas eram sempre relacionadas a mim mesma e às minhas habilidades; nunca me perguntei "será que este é o caminho certo para mim?" É como se, depois que eu soubesse que era wiccana, eu nunca mais tivesse questionado a minha decisão. Durante anos eu me perguntei se eu era uma boa wiccana, se eu correspondia à imagem ideal. Mesmo depois de ter escrito livros e construído o meu próprio website, eu não sou uma "wiccana perfeita". Sabe o que mais, eu não quero ser perfeita, porque, se for, vou ter de ficar me preocupando em continuar perfeita. Eu sou wiccana, nem uma wiccana ruim nem perfeita; mas, sem sombra de dúvida, uma wiccana.

---

praticante de nível intermediário, cabe a você agora continuar a moldar o seu caminho.

Eu sei que às vezes a Wicca pode nos deixar desnorteados, como se fôssemos puxados em várias direções ao mesmo tempo. O meu conselho é que você tente viver um dia de cada vez, tenha pensamentos positivos, siga a sua intuição e use os princípios éticos wiccanos como uma bússola. Tenha paciência; aos poucos as suas habilidades vão aumentando e as informações, instalando-se no seu cérebro. Você não precisa decorar o nome de centenas de divindades nem livros inteiros de correspondências herbárias.

Haverá ocasiões em que você perderá um Sabá ou deixará passar um ritual de Lua Cheia. Tudo bem! O critério para saber se você é um "bom wiccano" não é saber se o seu culto é perfeito, mas o que você sente no fundo do coração e a maneira como optou por viver o seu caminho – com ética e honestidade.

TRÊS

A Deusa e o Deus

O culto à divindade é uma prática central do credo wiccano. Neste capítulo, você vai encontrar informações sobre a Deusa e o Deus e como fazer uma ligação com eles, assim como nas invocações rituais e nas preces diárias.

História

O antigo culto à Deusa é evidente na arte da era paleolítica. Estátuas como a de Vênus de Willendorf (uma figura feminina com uma barriga protuberante e seios fartos) foram deliberadamente esculpidas para representar os ícones da "fertilidade" geradores de vida. À medida que as culturas evoluíam, o culto à divindade tornou-se mais detalhado. Mitos da criação eram usados para explicar os primórdios da Terra e a vida humana. Muitas histórias da criação são belíssimos contos dramáticos que apresentam um conjunto de divindades chamado *panteão*.

Algumas culturas antigas têm até mitos da criação que se iniciam com uma essência feminina, uma "criatrix", a mãe geradora de vida dos deuses. Dois grandes exemplos são a Luonnotar finlandesa e a Gaia grega. A Neif egípcia e a Tiamat babilônica também são Deusas-mãe primordiais, mas não precisavam arcar sozinhas com toda a responsabilidade, pois tinham a assistência de divindades masculinas.

Esses fragmentos de histórias ajudam os atuais adeptos do culto à Deusa. A Deusa existe e sempre existirá. Ocasionalmente, a Wicca é chamada de "religião de fertilidade". Isso significa muitas coisas. Primeiro, a compreensão de que é o sopro da Deusa que dá vida a todas as coisas; segundo, que mulheres como a Deusa são capazes de gerar vida; e, terceiro, que a generosidade da Terra nos mostra que podemos trazer mudança e criatividade para este mundo, produzindo resultados profícuos e abundantes. O impacto da crença na Deusa tem um longo alcance e evolui continuamente.

A Visão Wiccana

Muitos praticantes da Wicca referem-se ao poder divino supremo como O Uno ou O Todo. Essa energia vital é a fonte suprema de todas as coisas. No entanto, ela é tão incognoscível e além da compreensão que os wiccanos dividiram essa essência em duas formas, a Deusa e o Deus. Eles são duais, duas metades de um todo e agem como iguais que se completam. A deusa e o deus são vistos como energias amigas e amorosas, zelosas e compassivas. Podemos encontrá-los não em esferas celestes distantes e inalcançáveis, mas na natureza e no âmago do nosso ser. Eles são "onipresentes", existem em todos os lugares ao mesmo tempo.

Atribuímos a eles nomes, rostos e qualidades para poder ter uma idéia do seu amor e nos ligar com o seu poder. Existe um ditado na Wicca segundo o qual, "Todos os Deuses são um só Deus". Isso significa que, independentemente do aspecto que você peça a Cernunnos, a Gwydion ou ao Homem Verde, você ainda estará comungando com a divindade masculina essencial. Esse mesmo princípio se aplica à Deusa. Ela tem muitas faces e é vista de maneiras diferentes por várias culturas, mas, no final, todas as preces chegam até Ela.

A divindade abrange o papel de protetor, nutridor e mestre. A Deusa e o Deus velam por nós, nos orientam, nos ajudam, enviam obstáculos para nos deixar mais fortes e nos insuflam esperança para nos ajudar a seguir em frente. Suas mensagens são de amor, não de ódio; são de paz, não de guerra. A Deusa não nos julga pela cor ou pelo sexo; o Deus nos ensina a valorizar o ciclo da vida. Todos os atos de amor são rituais a Ela, e Ele quer que você lance mão dos seus dons naturais e desenvolva o seu verdadeiro potencial. Eles têm muito a nos mostrar e nós temos muito o que

CONFISSÕES DE UMA BRUXA TEEN

aprender. Os wiccanos que se abrem para a Deusa e para o Deus encontram a mais poderosa de todas as magias — um abraço de boas-vindas.

A Deusa não é puramente feminina e o Deus não é puramente masculino. Se você olhar o símbolo do yin-yang, verá que cada um deles contém um pouco do seu oposto e seriam incompletos de outro modo. Como o símbolo do yin-yang, tanto o Deus quanto a Deusa são parte de um todo maior chamado de Grande Espírito ou de Brahman. Quando você invoca um deles, está, em essência, invocando os dois.

— ANUBIS RAINHAWK, 15 ANOS, CALIFÓRNIA, EUA

Se eu preciso de força, geralmente peço ao Deus para me ajudar e, se preciso ser sábia e carinhosa, peço a ajuda da Deusa.

— LUNA, 16 ANOS, FINLÂNDIA

> ⚔ Do Livro das Sombras de Gwinevere
>
> *24 de setembro de 1999 — 15 anos*
>
> Não é sempre que eu admito isso, mas eu penso no Deus diariamente. Eu acho tão fácil me relacionar com a Deusa, mas o Deus é como um quebra-cabeça que eu ainda não consegui montar. Quem ele é? Ele olha por nós? Quando eu o imagino, vejo coisas diferentes... um guerreiro forte num campo de batalha, lutando para proteger a humanidade; um mago fazendo poções; um homem de barbas brancas, sorrindo. Então me ocorrem alguns conceitos: o som de uma sonora gargalhada, um abraço reconfortante, o calor do sol, uma floresta sem fim.

Ligue-se com a Divindade

Quando comecei a estudar a Wicca, fiz a seguinte pergunta a um praticante mais experiente: Os wiccanos têm igrejas ou templos? Ele respondeu: "A Terra é a minha igreja". Algo despertou dentro de mim. Percebi que, para me ligar à Mãe Terra, eu precisava me voltar para a sua fonte de vida, a natureza. Um edifício é só uma estrutura, mas as terras verdejantes vibram com a energia divina! Você não precisa estar no meio de uma floresta para compreender a natureza; pode observá-la durante uma caminhada enquanto o sol se põe e a lua surge no céu, ou abrir a janela durante a faxina da primavera, para ouvir o canto dos passarinhos.

Com o tempo eu descobri que existem outras maneiras de entrar em contato com a divindade. Antigos mitos das mais variadas culturas podem nos dar uma descrição mais detalhada dos deuses e das deusas. Cada panteão tem o seu próprio grupo complexo de divindades, cada uma com suas histórias e aspectos predominantes. Se você estudar a fundo os artísticos gregos, os heróicos escandinavos, os místicos egípcios ou os determinados celtas, você descobrirá algo que toque a sua alma.

Quando estou conectada, sinto uma paz imensa, cheia de energia, poder e alegria, mas principalmente de amor incondicional. Eu consigo ver a mim mesma e o meu lugar no universo, e me sinto mais inteira depois de fazer uma pausa para fazer uma ligação.

— ARIAWN, 19 ANOS, EUA

Enriqueça o seu mundo interior na jornada da Deusa, seguindo os seus ciclos lunares mensais, e conheça a história do Deus participando de rituais de Sabá ao longo da roda do ano. A participação ativa em rituais cíclicos faz toda diferença!

A prece também é uma boa maneira de entrar em contato com a divindade. No final deste capítulo, eu incluí preces para a auto-estima, para a prosperidade, para conseguir orientação e para ter proteção. Use-as como ponto de partida e aprenda a criar as suas próprias preces.

Entre outros modos de entrar em sintonia com a Deusa e o Deus estão as devoções no altar, os poemas, as cartas, as invocações e os rituais especiais em homenagem às divindades.

✿ Do Livro das Sombras de Gwinevere
9 de maio de 2002 – 17 anos

Uma das melhores maneiras de me conectar com os poderes superiores é a comunicação regular com eles. Algumas noites, eu rezo para a Deusa e para o Deus quando estou deitada na cama. Ou senão me sento diante do meu altar, acendo velas e simplesmente converso com eles. Conto os meus problemas, pedindo que me dêem soluções. O importante não é ouvir a voz da divindade e responder, mas reconhecer a presença dos deuses na minha vida.

Eu me ligo com os poderes superiores todos os dias, quando estou fazendo a minha meditação diária. Eu sinto o poder que eles me irradiam e sinto uma sensação agradável. Depois me sinto renovada e cheia de energia.

— LUNA, 16 ANOS, FINLÂNDIA

A Deusa Tríplice

A Deusa Tríplice é um tema da Wicca que apresenta a Senhora de três formas diferentes: Donzela, Mãe e Anciã. Cada um desses aspectos relaciona-se a etapas do ciclo lunar e tem atributos e energias específicas. O símbolo da Deusa Tríplice é composto de duas crescentes em cada um dos lados de uma lua cheia. Muitas deusas podem se enquadrar numa dessas três formas, mas, como esse conceito da Deusa Tríplice é relativamente novo, com algumas divindades femininas isso não acontece. Não podemos forçar alguns panteões mais antigos a se encaixar na nossa idéia organizada de Deusa. Apresento a seguir uma idéia geral do construto da Deusa Tríplice, mas recomendo que você a estude mais a fundo se achar que ela pode aumentar a sua compreensão da Deusa.

DONZELA (LUA NOVA E CRESCENTE)

Fase jovem/irmã da Deusa, personificada por divindades como Ártemis, Hebe, Ostara, Perséfone, Kore. Rege os inícios, o novo crescimento, a inspiração.

MÃE (LUA CHEIA)

Fase criadora/nutriz da Deusa, personificada por divindades como Deméter, Ceres, Frigg, Hera, Selene. Rege a consciência parapsíquica, a intuição, a fecundidade, a cura e a proteção.

ANCIÃ (LUA NEGRA E LUA MINGUANTE)

Fase sábia/avó da Deusa, personificada por divindades como Cailleagh, Cerridwen e Hécate. Rege a divinação, a espiritualidade, a sabedoria.

> ☽ Do Livro das Sombras de Gwinevere
> *1º de junho de 2003 – 18 anos*
> Eu adoro o conceito de Deusa Tríplice. Ela é tudo ao mesmo tempo, jovem, velha, maternal – todos os aspectos da sabedoria da vida residem na sua essência. Ela é uma fonte de poder, uma Deusa que sussurra e ruge.

Divindades Patronas

Depois de se acostumar com o conceito de uma Deusa e de um Deus, você talvez queira ir um pouco além e cultivar um relacionamento de trabalho com seus aspectos específicos. A adoção de uma Deusa ou Deus patrono é uma prática opcional, mas alguns wiccanos estabelecem laços profundos desse modo e se sentem muito mais realizados. A decisão de trabalhar regularmente com uma determinada Deusa ou Deus é muito importante e só deve ser tomada depois de muita reflexão, pois essa divindade será o ponto focal do seu culto wiccano.

Não existe uma pessoa igual a outra, por isso cada uma se sente atraída por uma divindade diferente. Como você vai escolher a sua Deusa ou Deus patrono? Existem muitas maneiras para estabelecer esse vínculo e muitas outras mais para mantê-lo.

Depois de estudar a fundo o panteão que mais lhe interessa, reflita profundamente sobre os deuses desse panteão de que você se lembra. Algumas dessas divindades regem aspectos que você busca na vida, como amor, proteção, orientação ou sabedoria? Você vive topando com o nome de uma certa deusa, mesmo quando não está à procura dele? Existe algum Deus que parece estar em sintonia com o seu caráter, a sua energia ou os seus dons criativos? Se você não consegue se decidir por nenhum Deus, pense num conceito de divindade como deusa lunar ou deus terreno e depois saia à procura de outras divindades que tenham esses mesmos aspectos.

Em seguida, inteire-se da história dessas divindades: quem são os seus consortes, os seus aliados, os seus familiares? Sinta a energia delas, medite enquanto entoa os seus nomes. Se você tiver uma sensação de harmonia, é porque está no caminho certo. Em geral, recomenda-se que a sua Deusa e o seu Deus patronos pertençam ao mesmo panteão, mas nada

58   CONFISSÕES DE UMA BRUXA TEEN

impede que eles sejam de panteões diferentes. Contudo, se você sentir que a energia dos dois não é compatível, reconsidere a sua decisão. Continue a se familiarizar com essas possíveis divindades patronas. Esse processo pode levar o tempo que for preciso. Depois de estabelecer uma conexão positiva e se sentir pronto a dar o próximo passo, reserve alguns dias para escrever o seu próprio ritual em homenagem a esses deuses. Deixe que as palavras brotem do seu coração e realize o ritual com sentimento. Dedique-se como um seguidor dos caminhos desses deuses.

Depois que tiver afinidade com esses deuses, você vai querer continuar a pagar tributo a eles e a trabalhar com o seu auxílio. Ofereço a seguir algumas sugestões:

- Invoque-os sempre que lançar um círculo.
- Crie ou compre estatuetas que representem a sua Deusa e o seu Deus patronos.
- Sobre o altar, tenha toalhas, velas ou castiçais com as cores associadas a eles.
- Escreva poemas que contem os seus mitos.
- Faça incensos ou óleos com ervas e essências associadas a esses deuses.
- Coloque objetos relacionados a eles sobre o altar.
- Pesquise sobre os animais considerados símbolos desses deuses, principalmente se eles são representados dessa forma às vezes.
- Reze para eles quando precisar de orientação.
- Procure saber se os antigos realizavam festivais em homenagem a esses deuses. Realize uma cerimônia especial em homenagem a eles nessa mesma época.

Eu sinto o chamado de Erzulie-Dantor e Ogoun. Por meio de uma experiência pessoal com a Madona Negra e da minha própria pintura, eu consegui entrar em contato com Erzulie. E com ela veio Ogoun. Essas duas divindades pertencem ao panteão vodu e têm uma energia mais "ativa" do que passiva. Eu acredito que essas duas divindades tenham me chamado para ajudar a fazer uma pausa na vida. As coisas nunca ficam empacadas quando eu as invoco e, embora algumas provas tenham sido difíceis, elas foram notáveis.

— Pytho, 14 anos, Milão, Itália

O Seu Debate Preferido

A dinâmica sutil da prática wiccana muda de pessoa para pessoa. Cada um de nós acrescenta novas nuances à Arte, personalizando-a para que se encaixe melhor na nossa vida. Uma dessas alterações costuma ser resultado do modo como trabalhamos com a divindade, idealizamo-na e lhe prestamos homenagens.

Embora a Wicca se baseie no equilíbrio e na dualidade, não são poucos os praticantes que dão ênfase à Deusa. Concorde você ou não com essa prática, é importante que conheça os dois lados da moeda. Que motivos levam esses wiccanos a enaltecer a Deusa e diminuir a importância do Deus? Quais são os impactos negativos dessa decisão? Apresentarei dois pontos de vista diferentes, ilustrados com os meus comentários e experiências pessoais.

Os wiccanos que enfocam primeiramente ou exclusivamente a Deusa têm várias razões válidas para isso. Os praticantes muitas vezes vêm de sistemas de crença monoteístas, centralizados em Jeová; essas são religiões que defendem um único deus masculino todo poderoso. Isso pode restringir as mulheres que querem cultuar uma divindade com quem possam se relacionar de fato. A Deusa tem uma energia maternal, calorosa e reconfortante. Embora ocasionalmente ela tenha um lado sombrio (pense na Mãe Natureza em toda a sua fúria: furacões, tornados, etc.), não deve ser temida, mas sim reverenciada! A Deusa representa a liberdade, o amor e a essência da vida.

Eu me interessei por Cáli por várias razões. Uma delas é que seu aspecto solitário é extremamente profundo e inspirador. A cor da pele de Cáli representa a ausência de cor, dando a ela o significado de realidade suprema. Ela é a Mãe Sagrada, com duas mãos ela cria e com as outras duas destrói.

— ANUBIS RAINHAWK, 15 ANOS, CALIFÓRNIA, EUA

Paralelamente à religião, a constante luta para sobrepujar uma sociedade patriarcal (crença na dominação masculina) estimula o enaltecimento de uma divindade feminina. É como tomar uma decisão firme e dizer, "Ela existe, pode acreditar! As mulheres são a personificação humana da Grande Deusa, vocês não podem nos negar isso". Estou certa de que existem muitas outras razões para considerar a Deusa como o ponto central do culto wiccano, mas todas elas nos fazem chegar à mesma conclusão: a Deusa nos dá poder.

Por outro lado, há quem possa argumentar que a decisão de só prestar culto à Deusa vai contra a idéia de equilíbrio. O que dizer dos wiccanos do sexo masculino que buscam uma divindade com quem possam se relacionar? Não estaremos indo contra a natureza em si, que se compõe de criaturas masculinas e femininas? A roda do mito teria de ser reescrita, suprimida ou quase privada do papel do Deus. Está certo adotar partes da Wicca de que você gosta e ignorar as que você não quer ver?

Depois de vários anos de prática, eu ainda estou aprendendo sobre o Deus e procurando compreendê-lo. O que eu sei é que, na minha prática, ele não pode ficar no centro do palco, embora seu papel seja necessário. A Deusa e o Deus estão inter-relacionados, são duas partes de um todo. A centelha, o fogo, a paixão e o entusiasmo dele complementam a tranqüilidade dela. Ele é a força que me impulsiona para os meus objetivos, o protetor e guerreiro que me orienta na vida diária. Ele é o filho e o parceiro da Deusa. Eu entro em contato com sua energia quando a roda gira a cada Sabá.

A Deusa, no entanto, é minha irmã e conselheira. Ela é como eu: feminina. Eu me relaciono com ela num nível mais profundo, que eu não consegui atingir com o Deus. Uma parte de mim ainda está procurando compreendê-lo, assim como ao papel que ele desempenha na minha vida. Só sei que estou tentando e isso é o que importa. A minha prática sempre me conduz a novas maneiras de ver a ambos, e isso é algo que eu posso realmente aceitar.

Para saber mais sobre os wiccanos mais voltados para a Deusa, leia sobre as tradições Feministas ou Diânicas. Autores como Starhawk, Patricia Monaghan e M. J. Abadie têm livros sobre o culto à Deusa.

Eu tendo a dar mais preferência à Deusa no meu vernáculo, mas não no meu culto. Eu muitas vezes me refiro à Deusa para diferenciá-lo dos sistemas de crença centralizados em Jeová e de outras religiões.
— ARIAWN, 19 ANOS, OHIO, EUA

Eu acho que deveria haver mais livros sobre o Deus da religião wiccana. Existem muito poucos textos que se referem ao Senhor e centenas que se referem a Ela. É por isso que tantas pessoas perderam esse senso de equilíbrio e deixaram o Deus Cornífero completamente de lado.
— PYTHO, 14 ANOS, MILÃO, ITÁLIA

Eu vejo a Deusa e o Deus como entidades equivalentes, mas acabo me voltando mais para a Deusa quando quero pedir ajuda. Acho que faço isso porque, durante toda a minha vida, eu não tive um "pai". Eu acho muito mais fácil ter fé e confiança na Deusa como Mãe.

— CHIRON NIGHTWOLF, 16 ANOS, GEÓRGIA, EUA

Minhas invocações e preces favoritas

Invocação à Deusa Lunar

Por ti eu clamo, feiticeira da meia-noite,
irradie o teu amor em raios cor de prata,
lance o teu encanto com um raio de luar.
Deusa mística da lua, a tua imagem eu contemplo agora
E peço que entre no meu círculo, este espaço sagrado.

Invocação à Deusa Donzela

Donzela da primavera, eu clamo por ti
Cujo piar dos pássaros ecoa nos campos de trigo
de gosto amargo e acre e no entanto doce como mel
onde borboletas e mamangavas
dançam para ternas margaridas sorridentes
Donzela de encanto floral
sorriso juvenil e bochechas coradas
eu clamo por ti, que és jovem por natureza
ela que é primaveril
abençoada e eterna.

Invocação à Deusa Lua

Deusa da Lua
cíclica, eterna, sagrada e livre
Ártemis, Ishtar, Arádia e Selene
eu te convido, beleza antiga
com preces e louvores, faço o meu chamado
invocando a tua presença e a tua proteção
que a tua divina luz irradie e me abençoe
dentro do meu círculo nesta noite escura.

Invocação à Fréia

Fréia, a bela

Deusa do amor e da feitiçaria
em sua carruagem puxada por gatos
deixa cair suas lágrimas cor de âmbar
mestra da sexualidade
espírito da fertilidade
Fréia, a bela
Eu te invoco agora!

Invocação à Deusa Tríplice
Deusa Tríplice dos Ciclos Sagrados
Oh, Donzela, minha irmã
Oh, Mãe atenciosa
Oh, sábia Anciã
eu te invoco
para irradiar o teu amor
e pedir a tua presença
peço que envie o teu poder e
se faça presente neste espaço sagrado.

Invocação à Ísis
Ísis, Deusa alada da Criação
Senhora dos dez mil nomes
cujo poder e compaixão
cura e protege
linda Deusa egípcia

Ísis, eu te invoco
com respeito e reverência
venha, eu peço
testemunhe este rito místico.

Invocação ao Deus
Oh, Deus, eu te convido para o meu círculo
místico guerreiro, pai do tempo
que é tanto a colheita quanto o vinho
guardião do outono e dos mistérios
protetor do vento e do mar revolto e escuro
eu te convido para o meu círculo
peço que te faça presente!

Invocação ao Homem Verde
Azevinho, Carvalho, Visgo, Cardo
Ele que é floresta sombria
Homem Verde com rosto de folhas e galhos entrelaçados
que mora nas profundezas da terra
cascateando nas videiras de hera
na casca das árvores mais altas
espírito masculino da natureza
eu invoco aquele que é o...
Homem Verde, meu senhor.

Invocação ao Deus Sol

Oh, Senhor do Sol
Meu Deus fulgurante
conhecido por muitos nomes
Bel, Lugh, Hélio
eu o invoco
para que testemunhe este rito sagrado
irradie a sua suave luz solar
fique junto a mim.

Invocação a Gwydion

Gwydion celta
tecelão da magia, sábio Deus guerreiro
peço que se junte a mim neste espaço sagrado
traga contigo os ventos da mudança que busco
pois você é o príncipe dos ares, amparador da humanidade
bardo das Gales do norte
mago legendário
de braços abertos
eu te dou as boas-vindas, Gwydion!

Invocação a Cernunnos

Cernunnos, o cornífero
mestre dos animais dos bosques
eu te invoco
divindade do poder e da força
guardião dos portais do submundo
fiandeiro dos ciclos de
nascimento, vida e morte
terreno, fálico
Cernunnnos
eu clamo por ti!

Invocação a Hórus

Hórus, criança mágica
Deus falcão, regente dos vastos horizontes
Eu me dirijo a ti e peço a tua orientação
Senhor egípcio, jovem Deus
Eu te invoco com amor e respeito.

Clamor à Divindade
Eu clamo por vós com voz infantil
amor inabalável
espírito arquejante

Eu lanço mão da vossa força
da vossa compaixão infinita
das vossas maiores bênçãos

eu convido a vossa essência
Senhor e Senhora
a vir como uma folha ao vento
trazendo uma mensagem cheia de esperança
fiquem e assistam ao meu rito e feitiço
eu vos convido, ó divinos!

Prece da Colheita de Outono
Mãe Terra, Ceres, Deméter, Modron
tu que és gentil e generosa
eu expresso a minha gratidão por este banquete farto e
pela dádiva do alimento
fértil feiticeira
agradeço pelo teu feitiço de uma colheita farta!

Prece para a Prosperidade
Lakshimi, que repousa sobre um lótus
deusa hindu da abundância e da beleza
eu rezo a ti esta noite e peço o teu auxílio
por favor abençoe a minha família com sorte e prosperidade
Lakshimi, obrigada.

Prece para a Auto-estima
Hathor, Deusa compassiva
eu te peço, dê-me beleza
e graça interior e exterior
abençoe-me com poder
desperte a minha jóia interior de paixão e prazer
confira-me a visão do sagrado amor por mim mesma.

Prece para Pedir Orientação

Atena, Deusa guerreira grega da sabedoria
eu peço a sua orientação
por favor ajude-me a superar os obstáculos do meu caminho
abençoe-me com a tua força terna e a tua convicção
dê-me um conselho sábio e instile coragem no meu coração.

Prece de Cura

Grande Brígida celta
guardiã da chama sagrada
peço a você, Deusa Tríplice
que me ajude
enviando os seus raios dourados de cura divina.

Prece de Proteção

Eu rezo à mãe cósmica
ela que é todas as coisas
e peço que me dê sua proteção
mantenha-me a salvo
envolvendo-me no seu calor e na sua luz.

QUATRO

O Altar

O altar wiccano é um espaço físico reservado para cultos, rituais, bênçãos e magias sagradas. Considerado um local de conforto e poder, o altar é tão singular e inigualável quanto o próprio praticante, que costuma lhe imprimir um toque pessoal repleto de detalhes. O altar é para os wiccanos o que a igreja é para os cristãos. Trata-se de um lugar onde as suas preces são ouvidas, as mensagens são transmitidas e lágrimas de dor e de alegria correm livremente. O altar é muito mais do que um simples aparador, ele é uma criação que estabelece um vínculo direto entre os praticantes e o divino.

O fato de o altar já ter sido escolhido (ou criado), montado e abençoado não significa que o processo esteja praticamente completo e concluído. Quando o wiccano passa para outros estágios espirituais, o seu altar reflete essa mudança. O crescimento provocado pelo despertar ou pela superação de um desafio pode influenciar o praticante, levando-o a acrescentar mais objetos que tenham um significado especial. De modo semelhante, o confronto com o passado também pode levá-lo a retirar instrumentos de que ele não precisa mais. Essas transferências e alterações energéticas mantêm esse espaço sagrado num constante processo de desenvolvimento.

Este capítulo lhe dará instruções por etapas, explicando como montar um altar que reflita não só o seu mundo interior, mas também a sua bela jornada pelos caminhos da Wicca.

O seu altar deve ser uma expressão verdadeira do seu coração.

— ARIAWN, 19 ANOS, OHIO, EUA

A Escolha dos Componentes do Altar: Parte Um

Os altares têm tamanhos e formatos diferentes. Os jovens geralmente montam o seu altar no quarto. Como nem todos nós somos agraciados com santuários domésticos espaçosos, o espaço é um fator importante no planejamento de um altar. O segundo fator a se considerar é a falta de dinheiro. No entanto, essas duas coisas são facilmente contornáveis se você levá-las em conta no seu planejamento. Ah, e nunca se sabe, o seu futuro altar pode estar bem na frente do seu nariz!

O seu altar é um lugar sagrado que enfoca o mágico, o mundano e tudo o que existe entre eles. Trata-se do seu espaço sagrado, no qual você é realmente livre para viver a experiência da Divindade, seja qual for a maneira pela qual se liga a ela.

— ANUBIS RAINHAWK, 15 ANOS, CALIFÓRNIA, EUA

Entre no seu quarto e olhe em volta. Você vê alguma coisa que poderia ser transformada num altar? Quem sabe o tampo de uma cômoda, uma escrivaninha que você não usa ou um criado-mudo? Se você não tiver nada parecido ou acha que os seus móveis não têm nada a ver com o altar que tem em mente, saiba que existem outras maneiras de encontrar algo mais apropriado.

O meu altar particular já passou por muitas mudanças. Eu comecei usando uma penteadeira, à certa altura passei a usar uma caixa de papelão coberta com uma toalha e depois preferi um vidro transparente sobre um suporte de ferro para vasos de plantas. Todos esses altares serviram bem na época, mas depois eu comecei a querer coisa melhor. Eu queria um altar permanente que atendesse a todas as minhas necessidades e também fosse bonito.

Para ajudar nesse processo e comunicar a minha intenção ao universo, eu visualizei a mim mesma diante do altar dos meus sonhos. Durante semanas eu procurei e esperei. Foi preciso um certo tempo e o olhar clínico da minha mãe para que, certo dia, eu o encontrasse num brechó do meu bairro. Foi minha mãe que deu com a mesa primeiro. Ela era de ferro pintado de branco e tinha um tampo de vidro fosco. Eu me interessei; as

condições, o tamanho e o formato eram perfeitos, só não gostei da cor. Minha mãe então teve uma idéia inusitada: tinta *spray*! Então eu percebi que só era preciso um pouquinho de esforço para que eu tivesse o altar que sempre quis.

O que você põe sobre o altar não é tão importante quanto o que isso representa.

— ANUBIS RAINHAWK, 15 ANOS, CALIFÓRNIA, EUA

Eu tenho um altar que é na verdade a carcaça de um forno de microondas, embora o meu irmão o tenha usado como criado-mudo por um bom tempo. Foi engraçado porque o meu irmão a ofereceu a mim justo quando eu decidi que queria um altar. Então eu aceitei, pintei-a com parreiras, flores e decalques de animais e comecei a deixar os meus instrumentos sobre ela.

— ARIAWN, 19 ANOS, OHIO, EUA

A Escolha dos Componentes do Altar: Parte Dois

Embora os wiccanos tradicionais costumem recomendar a madeira por ser um material que vem da natureza, o seu altar pode ser feito de qualquer material. Considere os itens a seguir e o potencial que eles têm para perder o seu ar prosaico e ganhar mais beleza e encantamento:

- um tronco ou baú com uma superfície plana
- uma mesinha de café
- uma prateleira de parede (não recomendável para acender velas)
- uma bandeja para servir café da manhã na cama
- uma caixa de papelão grande
- um banquinho

Com criatividade e um pouquinho de trabalho, você pode fazer maravilhas, mas ainda assim precisa de um certo planejamento! Quando estiver em busca de um altar, vale a pena definir de antemão o que você está procurando. Anote no seu Livro das Sombras as suas respostas às perguntas a seguir.

De que formato você gosta mais?

O formato redondo representa os ciclos, um tema muito comum na Wicca. O quadrado ou o retangular simbolizam equilíbrio e os quatro elementos.

Que altura você gostaria que o seu altar tivesse?

O meu altar fica próximo ao chão, o que permite que eu me sente e fique confortável sem ter de me esticar toda para pegar os objetos.

Quais as cores que eu tenho em mente? Você está à procura de um determinado estilo ou material que combine com os móveis do seu quarto?

Se você está procurando alguma coisa usada, como uma mesa, lembre-se de verificar se ela é estável. Não está bamba? As pernas não estão soltas? Quanto tempo você vai levar para reformá-la? Você pode pedir a um adulto que o ajude a pintá-la com tinta *spray*?

> ⚜ Do Livro das Sombras de Gwinevere
> *21 de dezembro de 2000 — 16 anos*
> Ainda sinto o meu corpo tremer enquanto escrevo isto. Eu estava quase terminando o ritual de Yule e tinha deixado incenso em forma de carvão aceso num cinzeiro de vidro. Comecei a me levantar e li uma passagem final do meu ritual quando ouvi um craque! Percebi que era o cinzeiro, que se partira em dois. Fiquei petrificada ao ver as brasas incandescentes e o calor que irradiavam.
> Chamei a minha mãe, que estava na sala de estar. Como ela viu que eu estava fazendo um ritual, perguntou se podia trazer água. Eu disse que sim. Ela entrou e jogou a água sobre as brasas, que chiaram e fizeram fumaça até finalmente apagar. Como pensei rápido tudo terminou bem, mas acho que não vou usar carvão por um bom tempo!

E, finalmente, quais são as suas condições financeiras? Quanto dinheiro você pode gastar?

Na condição de wiccano adolescente, eu aprendi que você pode usar qualquer coisa como altar. Eu uso a minha cômoda.

— ANUBIS RAINHAWK, 15 ANOS, CALIFÓRNIA, EUA

> ⚜ Do Livro das Sombras de Gwinevere
> *16 de junho de 2001 — 16 anos*
> Quando eu lia um dos meus livros sobre a Wicca, tive uma experiência que só posso chamar de visão. Eu vi a imagem de um altar montado e me apressei a desenhá-lo numa folha de papel e marcar a posição dos objetos. Tive a impressão de que essa imagem me ajudaria a decorar e arrumar o meu próximo altar.

A Montagem do Altar

Se você já encontrou um altar robusto com o qual trabalhar e deixou-o do jeito que você queria, o passo seguinte é encontrar um lugar para colocá-lo! Os wiccanos geralmente deixam o altar voltado para o norte, pois essa direção está associada à terra, um elemento muito importante na Wicca. Acredita-se que essa seja a direção de onde flui o poder. Outras tradições preferem que o altar esteja voltado para o leste, numa homenagem ao nascer do sol e da lua. O Feng Shui é uma boa fonte de consulta se você quer encontrar o lugar perfeito para o seu novo altar.

O meu altar é uma mesinha retangular de madeira, que eu deixo nos fundos do meu quarto. Esse artefato representa a minha herança ancestral e as raízes do meu poder.

— PYTHO, 14 ANOS, MILÃO, ITÁLIA.

TOALHAS DE ALTAR

O uso de uma toalha para cobrir o altar é opcional. Isso depende do tipo de altar que você tem e do quanto você quer deixá-lo à mostra. Talvez ele precise de um pouquinho mais de cor ou de um ar mais elegante; nesse caso o truque é cobri-lo com uma bela toalha. Se o seu altar já é uma obra de arte, não há necessidade de cobri-lo com nada bonito. Só é preciso tomar nota de uma coisa: as toalhas podem pegar fogo. Quanto a isso, os tampos de vidro são uma ótima alternativa, pois, se uma vela tombar acidentalmente, ela provavelmente apagará; as toalhas não têm a mesma vantagem. Além disso, você poderá raspar os pingos de cera derretida do tampo de vidro depois que ela endurecer. Já constatei que é muito mais difícil remover cera derretida de tecidos. De qualquer maneira, a escolha é sua; só não se esqueça de levar em conta tanto os benefícios visuais das toalhas quanto as questões de segurança. Procure optar sempre pelo que é mais conveniente para você e para a sua prática.

✄ Do Livro das Sombras de Gwinevere

10 de agosto de 1999 — 15 anos

Eu mesma fiz a toalha do meu altar. Passei vários dias bordando símbolos de bruxaria num tecido macio cor de creme. O único problema é que ela ficou comprida demais para o altar. Eu tive de dobrá-la um pouco para que os bordados ficassem à mostra. Existe algo de confortável no fato de fazer a toalha do altar com as próprias mãos. Eu sei que ela está impregnada com a minha energia pessoal e com o meu amor.

O ALTAR   73

RITUAL DE BÊNÇÃO DO ALTAR

Antes de dispor qualquer instrumento ou objeto especial sobre o altar, eu recomendo que você realize um ritual para purificá-lo e carregá-lo de poder. O rito a seguir, que se divide em duas partes, serve primeiro para banir qualquer negatividade e depois para transmitir ao altar vibrações pessoais positivas.

Parte 1

Material
Uma pedra preta como o ônix ou a obsidiana (uma alternativa é usar
    uma pedra de superfície escura)
Uma colher de chá de sal
Um recipiente com água

Para começar, solicite a presença da Deusa e do Deus fazendo uma breve invocação. Pegue a pedra preta e segure-a na palma da mão; feche os olhos e respire fundo várias vezes, inspirando e expirando suavemente.

Em seguida, visualize uma luz branca cercando a sua mão. Carregue a pedra com a sua energia e intenção. Depois que tiver acabado a visualização, abra os olhos e diga:

"Abençoado seja agora este momento especial
quando lanço o meu feitiço com a pedra e o sal".

Coloque a pedra no centro do altar. Afaste as mãos do local e fale em voz alta o seguinte:

"Pedra da terra, negra como a noite
expulse a negatividade deste lugar
sob a luz da lua, suave e complacente
este é o meu feitiço e desejo mais ardente".

Deixe a sua pedra no altar durante pelo menos cinco minutos. Se possível, visualize a negatividade (como uma névoa escura) saindo do altar e entrando na pedra. Enquanto a pedra filtra a energia negativa, misture o sal na água, agitando-a no sentido horário.

Depois que você tiver a impressão de que a pedra absorveu toda a negatividade, pegue-a rapidamente e jogue-a na água salgada. Deixe-a mergulhada na água durante toda a noite. A água salgada dissipará toda a energia negativa que a pedra tiver absorvido durante o ritual.

Parte 2

Material
Vassoura ritual
Uma vareta de incenso de olíbano, mirra ou sândalo
Um porta-incenso

Coloque todo o material sobre o altar. Pegue a vassoura e segure-a pela parte inferior do cabo. Posicione-a sobre o altar, voltada para a parte mais próxima ao norte. Mova a vassoura vagarosamente em torno do altar, no sentido horário, enquanto entoa este cântico três vezes:

*"Cerdas da vassoura
cajado e bastão
eu lanço esta magia
com a rapidez do falcão".*

Coloque a vassoura de lado e acenda o incenso. Então passe o incenso lentamente em torno do altar, no sentido horário, como fez com a vassoura, enquanto diz:

*"Oh, fumaça ondulante, que rodopia como um tufão
Proteja o meu espaço sagrado do céu até o chão".*

Quando tiver completado o círculo, apague o incenso ou deixe-o no porta-incenso. Em seguida, desenhe no ar, com o dedo indicador, os símbolos da Deusa e do Deus, no centro do seu altar:

Símbolo da Deusa   **Símbolo do Deus**

Conclua o ritual com a bênção a seguir:

"Que os poderes do Senhor e da Senhora abençoem este espaço
por meio dos símbolos que eu agora traço.
Que assim seja".

REPRESENTAÇÕES DAS DIVINDADES

Um dos motivos básicos de se ter um altar é a possibilidade que ele nos dá de mostrarmos o nosso respeito e reverência pela Deusa e pelo Deus. Ao longo do tempo, esse espaço sagrado passa a nos ajudar a estabelecer uma ligação com os poderes superiores. Quando colocamos as representações do Senhor e da Senhora sobre o altar, ele passa a simbolizar a essência desses deuses e acaba facilitando a nossa ligação com eles.

A seguir, dou algumas idéias sobre como representar as divindades:

- Use velas coloridas. As cores da Deusa são o verde, o azul ou o prateado. Para o Deus, use laranja, dourado, vermelho ou amarelo.

- Uma alternativa é usar velas brancas tanto para o Deus quanto para a Deusa. A simplicidade dessa cor, embora subestimada, também é muito significativa.

- Estátuas e esculturas de divindades específicas, como Diana, ou de um tipo mais genérico, como uma Deusa terrena ou um Deus solar.

- Uma imagem da Deusa ou da natureza. Para facilitar, coloque a imagem num porta-retrato ou numa moldura. Pendure a imagem na parede sobre o altar, se você tiver problema de espaço.

- Apele para os seus dons artísticos e crie um desenho, uma pintura ou uma colagem que represente a sua divindade.

- Use objetos solares ou lunares como talismãs, adornos sazonais ou obras de arte de cunho espiritual.

Para compor o altar, eu escolhi estatuetas do Deus e da Deusa e velas para a parte de trás — a Deusa à esquerda e o Deus à direita, com a vela do Espírito no meio. O resto do altar é ocupado por objetos que representam os elementos em seus respectivos pontos cardeais.
— ARIAWN, 19 ANOS, OHIO, EUA

Depois que você decidiu usar representações da Deusa e do Deus e encontrou duas que o agradassem, é hora de pensar em que lugar do altar vai deixá-las. A voz da experiência diz que a energia da Deusa se concentra no lado esquerdo e a do Deus se concentra no lado direito. Se você discorda, siga a sua intuição e faça da maneira que achar melhor. É importante perceber também que as representações dos deuses vão mudar e evoluir com o tempo. Você não vai usar para sempre as primeiras imagens que colocou sobre o altar. Pode levar algum tempo até você conseguir algo que pareça "perfeito", mas não pense que uma representação temporária prejudicará de algum modo a sua prática. Os poderes superiores não ligam para o modo como você lhes presta homenagens. Eles se importam com a sua experiência, com a sua interação com eles, com as preces que você faz, com os rituais que realiza e com a sua busca espiritual.

> ⚜ Do Livro das Sombras de Gwinevere
> *25 de novembro de 2002 – 18 anos*
> Durante vários anos eu procurei estátuas de deuses para comprar. As que eu encontrava não chamavam a minha atenção. Enquanto eu não bati os olhos numa imagem e exclamei, "Viva! Finalmente achei o que eu queria!", continuei a usar velas normalmente para representar a energia da Deusa e do Deus. Essas velas compridas de cor creme tornaram-se um símbolo para mim e cada vez que eu as fitava tinha a certeza de que um dia as estátuas certas apareceriam.

A aparência do meu altar muda à medida que eu mudo. Eu o decoro de determinadas maneiras durante os Sabás, os Esbás e rituais especiais. Dependendo da estação, eu posso pôr ali flores, folhas ou pedras para enfeitá-lo.

— Anubis RainHawk, 15 anos, Califórnia, EUA

Representações dos elementos

Os elementos terra, ar, fogo e água são os elementos básicos da natureza e um imenso repositório de energia. Os wiccanos aproveitam o poder que emana desses elementos em seus rituais e trabalhos de magia. A cada um deles são associados certos atributos. A seguir, são apresentadas informações e sugestões sobre como representar todos os quatro no seu altar.

O ALTAR 77

A *terra* é um elemento feminino, ligado à direção norte. As qualidades espirituais da terra são: a estabilização, a fertilização, a nutrição, o cuidado e a alimentação, o crescimento e a abundância. Entre as suas associações mágicas estão: o dinheiro, a prosperidade, o poder, a sorte, a cura, a fertilidade e a beleza.

Representações: um jarro ou uma tigelinha com sal ou areia ou terra ou mistura de ervas. Uma vela verde também pode ser usada para simbolizar esse elemento.

O *ar* é um elemento masculino, ligado à direção leste. As qualidades espirituais do ar são: o movimento, a inspiração, a comunicação, o intelecto e a percepção. Entre as associações mágicas estão: a sabedoria, a criatividade, os novos começos e a consciência parapsíquica.

Representações: uma pena, um incenso ou uma sineta de prata. Uma vela branca ou amarela também pode ser usada para simbolizar esse elemento.

O *fogo* é um elemento masculino, ligado à direção sul. As qualidades espirituais do fogo são: a transformação, a mudança, a força, a coragem, a paixão, a sexualidade e a sensualidade. Entre as suas associações mágicas estão: a proteção, a vigilância, a intensificação da energia e do poder, o desejo e o sucesso.

Representações: um cristal ou uma pedra de tonalidade vermelho-alaranjada, como o citrino, a cornalina ou o olho-de-tigre. Uma vela vermelha também pode ser usada para simbolizar esse elemento.

A *água* é um elemento feminino, ligado à direção oeste. As qualidades espirituais da terra são: a tranqüilidade, a intuição, a emoção, a energia parapsíquica, o subconsciente, a purificação e as bênçãos. Entre as suas associações mágicas estão: o sono, os sonhos proféticos, a meditação, a paz, a purificação, a cura, o amor e a amizade.

Representações: as conchas, pedrinhas marinhas vitrificadas brancas ou verdes, um jarro ou uma tigela com água de torneira, água de chuva ou água deixada à luz da lua cheia. (Veja o Capítulo Oito para conhecer os detalhes dessa água.) Uma vela azul também pode ser usada para simbolizar esse elemento.

Eu geralmente divido o meu altar em quatro partes, que correspondem aos quatro elementos e as direções a eles associadas. No leste, eu coloco uma vareta de incenso; no norte, coloco uma pedra ou anel de penta-

*grama; no oeste, um cálice de água da lua; e no sul, uma vela peque-
na. No meio do altar, eu geralmente coloco uma vela do lado direito,
para representar o Deus, e outra do lado esquerdo, para representar a
Deusa.*

— GEDE, 15 ANOS, QUEENSLAND, AUSTRÁLIA

Ao organizar os objetos do altar, você pode determinar um lugar
específico para a representação de cada elemento. Pode até deixar cada
uma dessas representações na direção associada a cada elemento (essa
informação foi dada alguns parágrafos acima). No entanto, eu tenho notado que isso não é necessário. Basta que os quatro elementos estejam
representados no altar de alguma forma, para que a energia deles esteja
presente, criando equilíbrio e harmonia.

INSTRUMENTOS RITUAIS

Embora o wiccano realize o seu ritual tanto no coração quanto na mente,
ele precisa de instrumentos que o ajudem a criar uma atmosfera propícia
e a ligar os mundos espiritual e físico. Se ele precisar banir energias negativas, lançar um círculo ou carregar um objeto com poder, pode lançar
mão de um instrumento para lhe dar apoio.

A visão das chamas tremulantes de uma vela, os movimentos metódi-
cos do ato de varrer com uma vassoura e o aroma da fumaça do incenso
não só estimulam os nossos sentidos, mas também despertam a nossa
consciência ritual, com o seu uso constante.

Os instrumentos podem ser feitos à mão, comprados numa loja, ga-
rimpados numa feira de artigos usados ou uma confortável mistura de
tudo isso. Você não precisa ficar ansioso para iniciar a sua coleção. A
descoberta gradual dos instrumentos pode ser uma verdadeira aventura.
Quanto ao lugar destinado a cada um, alguns sugerem dispô-los de acordo com os elementos ou com as associações relacionadas ao masculino e
feminino. De acordo com a minha experiência, a intuição, aliada a um olho
clínico, dá ótimos resultados!

A seguir, você encontrará uma lista dos instrumentos mais usados pelos wiccanos. Ao ler as instruções, pense em quais deles facilitariam a sua
prática, pois não é provável que você precise de todos. Lembre-se, o que
pode ser essencial para uma pessoa pode não ser para outra.

*No início do ritual, coloquei meus instrumentos cuidadosamente sobre o
altar e tive a impressão de que cada um achou o melhor lugar para si*

O ALTAR 79

mesmo. A disposição dos objetos também depende do que eu vou fazer.
Se eu preciso ler alguma coisa, tenho de colocar o Livro das Sombras
sobre o altar de modo que eu possa abri-lo.

— Luna, 16 anos, Finlândia

Os meus instrumentos estão posicionados nos lugares que eles "me disse-
ram" que queriam ficar. Eu toco cada um deles e então deixo que guiem
a minha mão para o lugar que acham mais apropriado.

— Pytho, 14 anos, Milão, Itália

Vassoura

A vassoura ritual, às vezes chamada *besom*, tem associações tanto masculinas quanto femininas. A sua função principal é expulsar toda a negatividade de uma área, círculo ou espaço sagrado. Para tanto, o praticante
caminha em volta do círculo de uma a três vezes, no sentido horário, com
a vassoura na mão, mal tocando o chão, como se varresse o ar. Combinada com a visualização, essa prática elimina qualquer energia negativa ou
resíduo parapsíquico do local. Além disso, alguns casais wiccanos também
costumam pular uma vassoura durante a cerimônia do casamento wiccano
(*handfastings*), para ter mais fertilidade e sorte na união. As vassouras podem ter os mais variados estilos ou tamanhos. Podem ter muitos enfeites
ou um estilo mais natural. Pelo fato de estar ligada à limpeza, ela é associada ao elemento água.

Varinha

A varinha mágica é associada ao Deus e à energia masculina. Por ser um
instrumento básico, ela tem muitas funções no ritual. Os wiccanos usam a
varinha para lançar o círculo sagrado, para invocar os quadrantes e também os poderes superiores. A varinha mágica é um condutor de energia que permite canalizá-la para um objeto ou lugar. Embora seja quase
sempre feita de madeira (de galhos caídos de árvores), esse instrumento
também pode ser criado com outros materiais como pontas de cristal de
quartzo, tubos de vidro ou canos de cobre bem finos. Se você gostaria
de fazer a sua própria varinha, descubra quais as madeiras mais fáceis
de encontrar na sua região e considere a possibilidade de usar materiais
alternativos para deixá-la mais personalizada. A varinha mágica está ligada
à direção leste e ao elemento ar.

Athame

O athame é uma faca ritual de dois gumes, associada ao Deus e à energia masculina. Ela é usada para lançar o círculo sagrado, invocar os quadrantes, direcionar a energia, consagrar lugares e objetos e canalizar o poder pessoal. Os athames não são feitos para cortar objetos físicos, somente energia. Por isso suas lâminas costumam não ser afiadas. O tamanho do athame varia: eu já vi alguns medindo apenas dez centímetros e outros medindo mais de trinta. Por tradição, o athame tem um cabo branco, que ajuda a atrair energia. Esse cabo poder ser liso ou personalizado com símbolos gravados ou enfeites como fitas, amuletos e cristais. Por ser um instrumento de mudança e manipulação, o athame é associado ao elemento fogo. O athame se compara à varinha, pois eles têm funções parecidas nos rituais. Para economizar espaço e dinheiro, use apenas um dos dois.

Pentáculo do altar

O pentáculo do altar, que incorpora o principal símbolo associado à Wicca, tem propriedades tanto masculinas quanto femininas. Esse instrumento ritual geralmente tem o formato de um disco chato e a inscrição de uma estrela de cinco pontas dentro de um círculo. Esse objeto é usado para conferir proteção, abençoar e consagrar. Por essa razão, alguns praticantes colocam tigelas com água ou sal sobre o pentáculo. Amuletos, cordas e outros ingredientes de feitiços também podem ser deixados sobre o pentáculo para que sejam purificados, carregados e protegidos. Durante determinados rituais, pode-se colocar bolinhos, biscoitos e bolachas sobre o pentáculo, para que sejam abençoados pela Deusa. Para obter esse símbolo sagrado, você pode pintar, gravar ou marchetar o pentáculo numa vasta gama de materiais como pedras porosas, pedaços de ardósia, tacos de cerâmica, vidro colorido, argila moldável, madeira, estanho, cobre ou bronze. Se deseja comprar ou fazer um, certifique-se de que ele seja bonito e de um tamanho que caiba no seu altar. Pela sua capacidade de repelir a negatividade e de ancorar e proteger, o pentáculo do altar está ligado ao elemento terra.

Cálice

O cálice ou taça ritual é associado à Deusa e à energia feminina. Esse instrumento consiste num cálice só usado com propósitos rituais e que pode ser liso ou adornado com símbolos ou gravuras. Ele pode ser feito de materiais como estanho (procure encontrar uma liga de estanho que não contenha chumbo), prata, cobre, cristal ou, se necessário, plástico. Os praticantes geralmente enchem o cálice com uma bebida associada a uma festividade ou ocasião em particular. O suco de maçã (ou a cidra) ajuda a criar um clima festivo no outono; a gemada, no inverno; o ponche, na primavera e o suco de laranja, nos meses quentes de verão. O conteúdo do cálice geralmente é consagrado ou abençoado para a ocasião. Por conter líquidos, o cálice é associado ao elemento água.

Caldeirão

O caldeirão é associado com a Deusa e com a energia feminina. Ao contrário do mito popular, esse instrumento não é usado para preparar poções. Os praticantes da Wicca foram criativos ao incorporar esse item às celebrações dos Sabás, enchendo-o com decorações próprias de cada estação: palhas de milho no outono, sempre-verdes no inverno, flores do campo na primavera, velas flutuantes no verão. Por serem à prova de fogo, os caldeirões também são usados nos trabalhos de magia. Por exemplo, se o praticante deseja uma mudança, ele incendeia uma folha de papel na qual tenha registrado o seu desejo e a joga dentro do caldeirão, para que vire cinzas. Desse modo ele dá início ao processo de transformação. Eu tenho dois caldeirões: um pequeno, com oito centímetros de diâmetro, feito de ferro (um metal espesso) e com três pés, simbolizando a Deusa Tríplice. O outro é um velho caldeirão de cobre para fervuras, de tamanho maior, com uns treze centímetros de diâmetro, sem pés, mas com um formato bojudo. De simbolismo profundo, esse instrumento ritual representa sabedoria, inspiração e regeneração. Ele está em sintonia com o elemento água.

> ✸ **Do Livro das Sombras de Gwinevere**
> *28 de fevereiro de 2000 – 15 anos*
> Para tentar estimular a minha memória para um teste de francês, eu criei um feitiço no qual queimava uma folha de papel e jogava no caldeirão. O papel queimou normalmente, mas deixou o meu quarto cheio de fumaça. Eu tive de abrir a janela e de dormir com o quarto cheirando queimado.

Porta-incenso

O porta-incenso, às vezes chamado de incensário, é associado ao elemento ar. A aparência desse instrumento vai depender do incenso usado. A

82 CONFISSÕES DE UMA BRUXA TEEN

seguir apresento a descrição de três tipos de incenso e de seus respectivos recipientes. Os discos de carvão, encontrados especialmente nas lojas esotéricas (supostamente pela vantagem de possibilitar o uso de misturas aromáticas personalizadas, compostas de ervas, flores, resinas e especiarias), podem ser os mais difíceis de acender, mas costumam ser seguros. Se você pretende usar esse tipo de incenso, é importante que arrume um recipiente resistente ao calor e encha-o até a borda com sal ou areia, antes de acender o carvão. As varetas de incensos (finas e com uns 25 centímetros de comprimento) são as mais fáceis de encontrar e usar. Acenda a ponta, espere um instante e depois assopre a chama até que só reste uma brasa incandescente, que liberará um aroma celestial. Os porta-incensos usados para esse tipo de incenso têm em torno de trinta centímetros de comprimento e cinco de largura, e se assemelham a uma régua escolar. Eles podem ser feitos de cerâmica, pedra-sabão, estanho ou madeira.

As varetas de incenso são as minhas favoritas e as que eu recomendo para rituais. O incenso em forma de cone (com três centímetros de altura, aproximadamente) pode não ser tão fácil de encontrar quanto a vareta nem ter tantos aromas diferentes, mas é o mais indicado caso você não tenha muito espaço no altar. Os incensários para esse tipo de incenso se apresentam em vários tipos de formato, que vão desde pequenos caldeirões de cobre com três pés até conchas cheias de areia e disquinhos de cerâmica. Seja qual for o incenso que decidir usar, é importante perceber que o incenso não serve apenas para deixar o ar perfumado. Com uma função sutil mas importante, ele é usado para purificar o espaço sagrado, criar uma atmosfera de enlevo e trazer à tona o seu eu mágico. No geral, o incenso é um instrumento incrivelmente variado para o seu altar.

Além dos instrumentos já mencionados, existem muitos outros que compõem um altar wiccano.

- Um recipiente com **sal** é sempre deixado sobre o altar para consagrar objetos; a **água sagrada da Lua Cheia** tem propriedades semelhantes.

- **Velas** extras (em castiçais) ajudam a iluminar a área. Eu deixo duas velas delgadas na parte de trás do meu altar para ter um pouco mais de luz nas ocasiões em que faço feitiços ou rituais à noite.

- Um **recipiente para queimar óleo** é uma alternativa para aqueles que não gostam de incenso.

- A **espevitadeira** pode ser um objeto importante para a sua coleção, caso você não goste da idéia de apagar as velas com um sopro.

- Deixe os seus **instrumentos de divinação** (tarô, runas, pêndulos, etc.) dentro de um saquinho sobre o altar, para que fiquem protegidos e ao alcance da mão.
- Por fim, não se esqueça de deixar um isqueiro ou caixa de fósforo, junto com os seus outros apetrechos, dentro de uma **caixa** ou **cesta de altar**.

No meu altar, eu deixo rosas desidratadas, conchas e sal num belo vaso.

— LUNA, 16 ANOS, FINLÂNDIA

⚜ Do Livro das Sombras de Gwinevere
2 de outubro de 2001 – 17 anos

Eu costumava achar que o meu altar devia ter apenas os instrumentos sugeridos nos livros para iniciantes. Então eu acordei e percebi que esse era o meu lugar especial! Eu poderia fazer dele o que eu quisesse! Depois que as coisas ficaram mais claras, eu comecei a acrescentar mais enfeites e lembrancinhas. O meu altar ficou com outro aspecto. Eu acrescentei um pote de ferro para guardar esses objetos especiais, junto com itens básicos como um isqueiro, sal num frasquinho e a minha espevitadeira.

Devoções feitas sobre o altar

A devoção é uma prática diária ou semanal que ajuda o wiccano a desenvolver uma comunicação especial com a divindade. Trata-se de um momento em que ele se afasta dos problemas cotidianos, das questões de família e do *stress* causado pelos estudos. O processo não é complicado; basta que você se sente diante do altar e se acalme, respirando fundo algumas vezes e ligando conscientemente o seu espírito aos poderes superiores.

Você pode aproveitar essa oportunidade para rezar, meditar, falar sobre os seus medos, ler poesia ou escrever no seu Livro das Sombras. Se fizer esse ritual informal regularmente, você não só entrará em sintonia com os poderes superiores como também se beneficiará do ponto de vista mental e emocional. No meu caso, esse ato básico de reverenciar a divindade tornou a minha alma mais receptiva, aumentou a minha auto-estima e me ajudou a cultivar mais pensamentos positivos.

Eu adoraria poder praticar esse tipo de devoção todos os dias, mas isso só é possível uma vez por semana. Lembre-se, esse período de alguns minutos deve ser usado para fazer agradecimentos e ampliar a consciência, não para lançar feitiços.

Você se beneficiará ainda mais com essa experiência se conseguir reservar um dia da semana (talvez todo sábado) ou um determinado horário (como depois do café da manhã). Essa constância lançará alicerces espirituais firmes e ajudará a sintonizar a sua energia com os poderes superiores.

A seguir, apresento o roteiro da devoção que eu costumo fazer. Como se trata de um ritual pessoal, você tem toda liberdade para adaptá-lo às suas próprias necessidades.

Ritual de devoção para fazer diante do altar

Requisitos
O seu altar
Uma vareta de incenso
Pelo menos dez minutos de privacidade

Prepare a atmosfera acendendo a vareta de incenso e velas para iluminar o ambiente. Encontre uma posição confortável diante do altar e olhe para as representações das suas divindades. Respire fundo e expire o ar devagar, enquanto visualiza uma névoa branca entrando no seu corpo e

O ALTAR 85

tranqüilizando você. Respire fundo mais duas vezes, sem deixar de visualizar a névoa. Quando estiver pronto, recite a prece a seguir:

"Eu invoco a Grande Divindade
Tépida explosão solar de vibrações de amor
No céu diurno do meio-dia
Mãe terrena, fonte da criação
Que encanta todas as fases e o tempo
O meu coração está aberto
Para o seu amor vagar livre e selvagem
Enquanto eu agradeço pela minha vida, esta maravilhosa bênção".

Durante alguns instantes, reflita sobre o significado da prece: abra o coração para a divindade e agradeça. Use o resto do tempo da maneira que desejar – meditando, expressando pensamentos ou preocupações, lendo poesia, escrevendo no seu Livro das Sombras ou preparando-se para o Sabá cuja data se aproxima.

Depois que você sentir que já está na hora de concluir o seu ritual de devoção, olhe para as representações das suas divindades e profira em voz baixa as sentenças a seguir, para concluir o ritual:

"Minha Deusa e meu Deus
Este ritual chegou ao fim
Até o próximo encontro
Feliz partida e abençoados sejam!"

Apague as velas e o incenso, arrume o altar e retome as atividades do dia.

CINCO

A Wicca nos Dias de Hoje

Eu sempre pensei que ser adolescente era algo que consumiria todo o meu tempo. Acrescente a Wicca a essa mistura e ninguém sabe o que pode acontecer! Uma das razões por que eu criei este capítulo é revelar como é a vida de um wiccano na sociedade de hoje. Aqui você encontrará informações saídas do armário de vassouras dos bruxos e saberá como a imagem da Bruxaria e os estereótipos a ela relacionados influenciam esse caminho. Eu incluí também uma seção para os praticantes do sexo masculino, que traz invocações do dragão e um ritual para ajudá-los a se ligar com o Deus.

Saindo do Armário de Vassouras

No caso de muitos praticantes, a Wicca é algo que vai se integrando aos poucos à vida diária. O termo "converter-se" parece estranho, pois ele dá a impressão de que essa mudança acontece da noite para o dia. No meu caso em particular, o processo de deixar para trás o meu caminho espiritual anterior e me aproximar da Wicca foi algo mais suave e sutil. Eu mal notei a transição, porque ela foi muito natural. Depois dessa mudança, questões decisivas vieram à tona. Eu comecei a me perguntar: Devo contar a alguém sobre a escolha que fiz? Com quem poderei conversar sobre isso e será que essa pessoa me entenderá? Esse é um desafio que todo bruxo tem de enfrentar: contar sobre o seu novo credo.

A WICCA NOS DIAS DE HOJE 87

É importante perceber que, pelo fato de a Wicca não ser muito conhecida, os membros da família do wiccano podem nem sequer conhecê-la. Uma parte da sua responsabilidade, portanto, é saber definir o caminho wiccano e as suas práticas. Nas páginas a seguir, eu mostrarei como e quanto você deve contar sobre o seu credo para as pessoas que ama. Antes de prosseguirmos, é fundamental que você saiba quais são as suas opções com relação a esse assunto. Você pode escolher entre expressar as suas crenças relativamente cedo, em algum ponto do caminho, ou manter isso em segredo por tempo indeterminado. A minha esperança é que, depois de ler esta seção, você tome uma decisão consciente sobre o melhor curso de ação para você e para a sua vida.

"Armário" é um termo usado metaforicamente para designar uma parte da sua vida que você mantém em segredo. Quando políticos têm um esqueleto no armário, isso significa que guardam um segredo não muito agradável. Esse termo também se aplica a uma preferência sexual não-assumida. O termo inglês *in* (dentro) é uma versão mais curta da gíria "estar no armário". *Out* (fora) significa "fora do armário". Os wiccanos costumam usar o termo "armário de vassouras" quando querem dizer que um wiccano esconde a escolha religiosa que fez. Embora esse termo pareça engraçadinho, esse é um assunto sério que afeta a todos os praticantes.

Evitar a questão sobre sair ou não do armário só serve para aumentar a sua ansiedade. Se você enfrentá-la de frente e tentar chegar à causa dos seus medos, as suas chances são melhores. Se procurar compreender a situação de modo mais abrangente, você se sentirá mais forte e terá uma idéia mais clara das opções que tem.

O melhor conselho que eu posso dar é: saia do armário devagar. Dê às pessoas uma chance de conhecer você antes de saberem quem você é.
— Chiron Nightwolf, Geórgia, EUA

Circunstâncias e ambiente

Embora os wiccanos estejam unidos pela fé, a vida e as circunstâncias de cada praticante variam muito. Alguns têm uma família e amigos liberais e de mente aberta, enquanto outros vivem cercados de pessoas conservadoras e religiosas. Não levando em conta as crenças políticas ou religiosas, nossa natureza humana nutre o desejo de ser aceita pelas pessoas próximas. Isso pode nos deixar com receio de contar sobre o nosso novo caminho espiritual. É perfeitamente aceitável e compreensível que você tenha medo de não ser compreendido ou de ser rejeitado ou condenado ao ostracismo.

O truque para evitar mal-entendidos é escolher as palavras certas para definir a Wicca. Os mal-entendidos também podem ser desfeitos com um e-mail ou telefonema rápido. O medo da rejeição é natural. Se um amigo o deixar de lado porque você é wiccano, isso só vai mostrar que ele não valorizava a sua companhia. O que você quer não é se cercar de pessoas que se importem com você e que aceitem todas as suas falhas, diferenças e peculiaridades? Por definição, amigo é aquele em quem podemos confiar, com quem podemos contar e que acredita em nós nos bons e nos maus momentos.

Às vezes as pessoas ridicularizam aquilo que não compreendem. Ser deixado de lado, ser espezinhado ou virar alvo de piadas nunca é agradável e pode ser especialmente difícil no ambiente escolar. Eu tenho colegas de escola que gozam da minha cara porque sou wiccana. Um cara um dia me pediu para provar que eu tinha "poderes mágicos" transformando-o num sapo. Embora essa espécie de brincadeira não seja tão ofensiva, as pessoas podem dizer coisas muito piores por pura implicância. A melhor coisa para combater esse tipo de comportamento é ser um bom exemplo. Se você leva a Wicca a sério, as outras pessoas tenderão a fazer o mesmo.

O ambiente também é um fator importante para que um jovem se sinta à vontade para "sair do armário". Existe um ditado no ramo imobiliário segundo o qual a localização é tudo. Em poucas palavras, isso se refere aos atrativos e à praticidade de uma região em particular. O que isso tem a ver com a Wicca? Tudo! As diferenças sociais, culturais e de estilo de vida entre o norte e o sul dos Estados Unidos também são bem conhecidas e alvo de piadas.

Depois de nascer e crescer em Nova York e me mudar para a Flórida, onde moro há alguns anos, percebi que existem algumas diferenças sutis com relação ao que eu estava acostumada. Por exemplo, os hambúrgueres servidos com mostarda, normais na Flórida, são uma raridade em Nova York. A região sul é conhecida pelo seu "charme" e "hospitalidade". Isso nos faz imaginar pessoas comendo torta caseira e bebericando chá gelado na frente do portão de casa. Do mesmo modo, a intensa religiosidade que se espalhou pelos Estados sulistas fez com que ficassem conhecidos como o Cinturão Bíblico. Essa idéia conforta os cristãos, os batistas e os evangélicos. No entanto, para pessoas como nós, que não são cristãos, isso só serve para dificultar a aceitação e a prática do nosso sistema de crença.

Embora essas características dos Estados sulinos estejam mudando aos poucos para melhor, para morar ali é preciso levar em consideração o Cinturão Bíblico e a presença da igreja cristã não só nas residências, mas também no coração e na mente da sociedade sulista.

As suas opções

Certas variáveis influenciam os wiccanos adolescentes na hora de decidir se querem sair ou não do armário de vassouras. A lista a seguir relaciona algumas vantagens com relação a esse assunto tão relevante:

As vantagens de sair do armário

Oportunidade de expressar a sua religiosidade usando pentáculos em público, por exemplo.

Poder ler livros sobre a Wicca sem ter de escondê-los.

Ter a chance de montar um altar para reverenciar os poderes superiores e para fazer trabalhos de magia.

Poder encontrar outros wiccanos da sua região e conversar com eles.

Não precisar mentir ou manter segredos.

As vantagens de ficar no armário

Resguardar-se tanto do ponto de vista emocional quanto físico.

Não ter que se preocupar com o risco de ser rejeitado pela família ou pelos amigos.

Ter algum tempo para aprender mais sobre a Wicca antes de sair do armário.

Não colocar o seu emprego em risco — se você for contratada como babá por uma família muito religiosa, por exemplo, poderá causar uma reação negativa caso conte a respeito das suas crenças.

Continuar sendo tratada normalmente pelos professores ou colegas na escola.

Evitar constrangimentos ou brigas no ambiente doméstico.

Agora que você já conhece todos os pontos a considerar, tente prever quais dessas situações podem acontecer na sua vida. Qual dos dois casos tem mais a ver com as suas prioridades? Para você, o que é mais importante: expressar a sua crença ou não correr riscos? Escreva sobre os seus pensamentos, emoções ou preocupações no seu Livro das Sombras.

❦ Do Livro das Sombras de Gwinevere

10 de janeiro de 2004 – 19 anos

Eu me preocupo com os wiccanos adolescentes que se sentem pressionados pela comunidade wiccana a "sair do armário de vassouras". Eu gostaria que o mundo nos visse com mais aceitação, mas isso levará tempo. Nós já temos tanto com que nos preocupar! Acho que os jovens não deveriam ser ainda mais pressionados por causa disso. Agora eu vejo como tenho sorte. A minha família procura compreender o meu caminho espiritual, mas existe quem não tenha o mesmo tipo de apoio. Talvez os wiccanos que estejam fora do armário pudessem ter mais compaixão. Só porque a decisão de ficar no armário não é a mais comum, isso não significa que não possa ser uma opção. Essa mania de atacar uns aos outros por causa de decisões pessoais me aborrece. Eu quero que isso tenha um fim.

Não existe ninguém que possa lhe dizer o que é certo ou errado para você. Isso é algo que você precisa decidir por si mesmo. Com isso em mente, procure estar absolutamente consciente da sua decisão de sair do armário.

— Gede, 15 anos, Queensland, Austrália

Se você está pensando na possibilidade de sair do armário, eu tenho outra coisa interessante a lhe dizer. Muitos wiccanos que saem do armário só conseguem falar a respeito das suas crenças até certo ponto. Alguns acham fácil contar aos pais e a alguns amigos mais próximos. Outros querem contar para todo mundo. Eu conheço até adolescentes que fizeram trabalhos escolares sobre essa religião contemporânea. Isso que é vontade de se expressar!

Você sabe até que ponto gostaria de se abrir a respeito das suas crenças? Você tem em mente o nome das pessoas com quem pensa em fazer isso? Para ajudá-lo a imaginar essa situação, eu criei um breve questionário. Ele lhe mostrará até que ponto você conhece as pessoas da sua vida. Reflita um pouco antes de circular a resposta que escolheu.

Se eu dissesse *ao meu melhor amigo* que sou wiccano, da próxima vez que eu o visse, ele...

a) ficaria meio nervoso ou aborrecido b) precisaria de um tempo para se acostumar com a idéia c) aceitaria as minhas crenças d) não sei.

A WICCA NOS DIAS DE HOJE 91

Se eu dissesse *à minha mãe* que sou wiccano, da próxima vez que eu a visse, ela...
a) ficaria meio nervosa ou aborrecida b) precisaria de um tempo para se acostumar com a idéia c) aceitaria as minhas crenças d) não sei.

Se eu dissesse *ao meu pai* que sou wiccano, da próxima vez que eu o visse, ele...
a) ficaria meio nervoso ou aborrecido b) precisaria de um tempo para se acostumar com a idéia c) aceitaria as minhas crenças d) não sei.

Se eu dissesse *aos meus amigos mais próximos* que sou wiccano, da próxima vez que eu os visse, eles...
a) ficariam meio nervosos ou aborrecidos b) precisariam de um tempo para se acostumar com a idéia c) aceitariam as minhas crenças d) não sei.

Se eu dissesse *aos meus irmãos* que sou wiccano, da próxima vez que eu os visse, eles...
a) ficariam meio nervosos ou aborrecidos b) precisariam de um tempo para se acostumar com a idéia c) aceitariam as minhas crenças d) não sei.

Se eu dissesse *aos meus avós* que sou wiccano, da próxima vez que eu os visse, eles...
a) ficariam meio nervosos ou aborrecidos b) precisariam de um tempo para se acostumar com a idéia c) aceitariam as minhas crenças d) não sei.

Agora que você imaginou a reação de algumas pessoas, pense se deve ou não sair do armário. Esse questionário influenciou a sua decisão? Se você escolheu a resposta "a" na maioria das perguntas, não desanime. Não é o fim do mundo. Talvez a reação dessa pessoa não seja tão negativa quanto você imaginou.

Pode ser difícil imaginar como uma pessoa se sentirá com relação à Wicca antes que você expresse as suas crenças sobre ela. É por isso que você precisa estar bem preparado e informado quando resolver sair do armário. Você não pode controlar a reação de outra pessoa, mas pode decidir como, quando e por que vai sair do armário.

A seção a seguir é uma das mais importantes deste livro. Mesmo que você decida manter as suas crenças em segredo, não deixe de lê-la, pois ela contém dicas e sugestões importantes para você saber lidar com todos os aspectos dessa questão.

Opções e métodos

A decisão de sair do armário não tem volta, por isso pense muito bem se você quer realmente contar sobre o seu caminho espiritual. Existem boas razões para você sair do armário, mas algumas delas podem acabar voltando para assombrar você. Por exemplo, se usar a Wicca como uma tática de intimidação ou como um ato infantil de rebeldia, isso ficará completamente óbvio para as pessoas à sua volta. Do mesmo modo, se usar esse belo caminho espiritual para prejudicar ou causar estragos, estará não só cometendo um desrespeito contra si mesmo, mas também contra a religião. Eu sei que grande parte dos adolescentes wiccanos são honestos e respeitosos, portanto, vamos provar que isso é verdade. Se você resolver sair do armário, faça isso pelas razões certas.

Em primeiro lugar, saiba a razão por que você vai sair do armário. Quais são as suas intenções? Se você pensa em fazer isso só para causar "impacto" ou para assustar as pessoas, então é bem provável que você vá fazer mais mal do que bem a uma comunidade que está lutando para ser aceita.

— Ariawn, 19 anos, Ohio, EUA

Além disso, é preciso deixar claro que, se você está se sentindo pressionado por outra pessoa ou tem uma sensação estranha de que tem obrigação de revelar as suas crenças, você não está sendo sincero. Nós temos livre-arbítrio, a capacidade de tomar as nossas próprias decisões e fazer o que é melhor para nós. Tire vantagem disso, ouça a sua intuição e siga o seu coração!

A preparação para sair do armário é tão importante quanto a própria decisão de sair. Na verdade, você está criando um plano de ação. A primeira parte do seu plano é a pesquisa. Tomar conhecimento dos fatos para que você saiba o que vai falar. Qual a origem da Wicca? Em que os wiccanos acreditam? Como eu sei que você vai querer estar bem informado e falar com fluência sobre esse importante tópico de discussão, primeiro procure conhecer os fatos. Se fizer uma pesquisa antes, você parecerá mais confiante e será capaz de responder às perguntas com mais facilidade.

Lembre-se sempre de parecer calmo e maduro quando estiver anunciando que é wiccano e esclarecendo às perguntas e dúvidas. Os adultos e os amigos estarão mais dispostos a aceitar as suas escolhas se você mesmo estiver bem informado a respeito do assunto, mostrar alguma

A WICCA NOS DIAS DE HOJE 93

sabedoria e der a impressão de que tomou essa decisão depois de pensar muito a respeito. Procure sentir a situação, busque descobrir dentro de si mesmo a sua intenção e a capacidade de enfrentar as possíveis repercussões e procure manter o equilíbrio. Assim você vai se sair bem.

— ARIAWN, 19 ANOS, OHIO, EUA

Exercício de preparação

Procure prever as perguntas que a sua família e os seus amigos farão e anote-as numa ficha ou folha de papel. Usando as suas próprias palavras, anote as respostas no verso. Se houver alguma pergunta difícil ou que você não saiba muito bem como responder, consulte alguns livros sobre a Wicca ou a Internet. Use a ficha como se estivesse estudando para uma prova.

O próximo passo é refletir cuidadosamente sobre as primeiras pessoas para as quais você gostaria de contar sobre as suas crenças. Um amigo em quem você confia é um excelente ponto de partida, principalmente porque vocês se conhecem bem e têm provavelmente a mesma idade. Em geral é mais fácil contar a um amigo algo que você teria receio de contar à sua mãe ou ao seu pai. Conte com os amigos íntimos na hora de sair do armário. Isso pode tornar as coisas bem mais fáceis.

Quando você se sentir preparado, procure um local apropriado, de preferência onde possa ter certa privacidade, e um momento em que você e seus amigos estejam de cabeça fresca. Por exemplo, um fim de semana divertido em que estejam passeando num parque pode ser uma ocasião mais propícia do que no intervalo das aulas. Seja honesto e direto. Diga que você quer falar sobre algo que está preso na sua garganta e espera que eles escutem de mente aberta. Eis a seguir algumas frases que você poderia usar:

Ultimamente, eu tenho estudado sobre uma religião chamada Wicca...
Eu acho que a Wicca é um caminho espiritual bom para mim porque...
Existem alguns estereótipos malucos por aí, mas a Wicca, na verdade, é...
Eu sei que vocês podem estar confusos, então podem me fazer qualquer pergunta que quiserem...

Procure não sobrecarregar os seus amigos com detalhes demais. Você pode contar o resto mais tarde e aos poucos. Como os wiccanos não fazem proselitismo, quer dizer, não tentam converter ninguém, deixe que eles saibam que essa é a escolha que você fez, mas que a sua intenção não é fazer com que eles também sejam wiccanos.

Depois que você já tiver dado esse passo corajoso e contado ao seu amigo mais próximo, passe um dia refletindo sobre a experiência antes de contar a outras pessoas. Dê a si mesmo algum tempo para digerir o encontro. Procure conhecer as perguntas que o seu amigo tem e como você vai respondê-las.

O melhor jeito de fazê-los entender é mostrar que você já é maduro o suficiente para discutir sobre o assunto como um adulto e mostrar por meio das suas atitudes que você não está se rebelando contra eles, mas buscando as suas próprias crenças.

— LUNA, 16 ANOS, FINLÂNDIA

Existem outros métodos para sair do armário que não envolvem a comunicação direta. Um telefonema proporciona a proximidade necessária, sem dar a sensação de que vocês estão distantes demais. Um e-mail, por outro lado, provavelmente não dará os mesmos resultados, especialmente porque não há contato entre vocês e é impossível imprimir um tom pessoal ou carinhoso ao texto.

No livro *The Real Witches' Handbook*, a autora Kate West sugere uma carta escrita à mão, assim como o nosso colaborador Anubis RainHawk.

A WICCA NOS DIAS DE HOJE 95

Ele fala da sua experiência pessoal, "Um dia eu reuni coragem para contar aos meus pais... Escrevi a eles uma carta basicamente descrevendo a Wicca, as minhas crenças, e por que eu acreditava nelas. Junto com a carta, eu deixei alguns livros para que eles tivessem como ler sobre as minhas crenças e, esperava eu, pudessem entendê-las e respeitá-las".

Embora o método da carta (e do e-mail) possa funcionar para alguns, principalmente para os wiccanos mais tímidos ou nervosos, é preciso lembrar que ela pode ser lida por mais pessoas do que você previra inicialmente. Expressar as suas crenças por escrito pode ser o mesmo que expressar as suas crenças pessoais para qualquer um que botar as mãos nessa carta.

Mesmo depois de uma preparação cuidadosa e da escolha do método que usará para contar aos pais sobre a Wicca, essa não deixa de ser uma das tarefas mais difíceis dos jovens wiccanos. Quando eu disse à minha mãe sobre o meu interesse na Wicca, ela fez muitas perguntas, mas reagiu bem. No entanto, eu compreendo que a decisão de sair do armário possa ser uma tarefa desanimadora, pois falei com muitos adolescentes pela Internet e fiquei sabendo que os pais podem ter as reações mais variadas, tanto boas quanto ruins. Um dos temas mais constantes entre os adolescentes cujos pais se mostraram mais tolerantes e respeitosos é a atitude do adolescente durante a conversa. Brigar ou levantar a voz são atitudes que só pioram ainda mais a situação. Faça o possível para manter a calma e mostre que a conversa pode seguir num tom cordial.

Contar aos meus pais sobre a minha espiritualidade foi extremamente difícil. Não poder falar sobre as minhas crenças espirituais era algo que me incomodava muito, porque elas eram algo muito especial e sagrado para mim. Um dia, eu juntei coragem para contar aos meus pais. Quando descobriram que eu era wiccano, não posso dizer que ficaram encantados. Nós tivemos conversas longas e sofridas durante meses. Felizmente, eles acabaram entendendo que eu tinha crenças diferentes. Agora eu estudo e pratico livremente.
— ANUBIS RAINHAWK, 15 ANOS, CALIFÓRNIA, EUA

No começo, eu não tinha nem idéia de como contar à minha mãe sobre o meu interesse pela Wicca. No final, eu me sentei com ela e contei que a Wicca era algo que eu poderia viver pelo resto da vida. Expliquei que eu era muito mais feliz como wiccana como jamais tinha sido como cristã. Ela ficou meio chocada e fez algumas perguntas, que eu respondi da melhor maneira que pude. Agora ela não liga mais que eu pratique a Wicca. Foi um grande alívio.

— Linx Song, 15 anos, Louisiana, EUA

Depois de sair do armário

Depois de contar à família e aos amigos que você é wiccano, você pode sentir uma certa tensão ou constrangimento no ar. Os diálogos constantes e o tempo são as melhores maneiras de superar esses momentos desagradáveis. Dê às pessoas que você ama muitas oportunidades para fazer perguntas e ouça as suas preocupações. Mostre a elas que você continua sendo a pessoa incrível que sempre foi e é provável que você possa começar a praticar a Wicca sem tanto segredo.

Infelizmente, nem todos os pais compreendem o caminho espiritual dos filhos. Mesmo que eles o desaprovem, você sempre terá a magia dentro de você. A Wicca não se resume a feitiços ou rituais; ela é a sua jornada espiritual.

— Anubis RainHawk, 15 anos, Califórnia, EUA

Existem muitas salas de bate-papo para wiccanos adolescentes na Internet. Essas comunidades *on-line* podem ser uma valiosa fonte de apoio. Faça uma pesquisa nos buscadores como o Yahoo ou o Google usando termos como *bate-papo Wicca adolescentes* ou *grupo Wicca adolescentes*. É bem reconfortante perceber que você não está sozinho e que existem outras pessoas na mesma situação.

Depois que estiver "fora do armário", é importante observar que outros wiccanos podem não ser capazes ou não ter condições de fazer a mesma coisa. Se um amigo seu é um wiccano "enrustido", procure fazer o possível para lhe dar apoio, sejam quais forem as decisões que ele tomar. Às vezes, precisamos respeitar os outros mesmo quando discordamos das suas escolhas. Além do mais, você não pode prever o que faria no lugar do seu amigo, nem conhecer todos os detalhes da vida dele.

Religião é um assunto delicado. Se um dos seus pais ou um amigo não conseguir se acostumar com a idéia de que você é wiccano, não há nada de errado em aceitar a opinião dessa pessoa e evitar falar no assunto quando ela estiver por perto. Com a devida preparação e a abordagem certa, a sua "saída do armário" provavelmente será uma experiência positiva de crescimento.

A WICCA NOS DIAS DE HOJE

> ❈ **Do Livro das Sombras de Gwinevere**
> *Fevereiro de 2000 – 15 anos*
> Na aula de estudos sociais, uma suposta amiga minha ficou aborrecida com um garoto antipático, então se virou e disse a ele, apontando para mim: "Tome cuidado senão ela vai jogar uma praga em você!". A professora mudou de assunto antes que eu pudesse responder. Eu não me importo que todo mundo saiba que sou wiccana. Só não quero que acreditem no estereótipo de praticantes jogando pragas nas pessoas. Eu deveria ter conversado com essa garota. Não quero me meter em confusão por coisas que eu nem sequer disse ou fiz!

Ética e Imagem

No Capítulo Dois, mencionei que os princípios éticos wiccanos são benéficos para o seu desenvolvimento pessoal, para a sua compreensão espiritual e para o seu futuro kármico, mas que também afetam o seu modo de agir no dia-a-dia e a maneira como as pessoas o vêem. Pode ser uma surpresa para você, mas o fato é que, por ser wiccano, você pode ser visto pelos seus colegas de classe, amigos ou familiares como um representante da Arte. Muitos jovens wiccanos são vistos dessa maneira mesmo desconhecendo o fato.

Eu digo isso a você não para deixá-lo vaidoso, mas para abrir os seus olhos e ampliar a sua consciência. As pessoas prestarão atenção em você, ouvirão as coisas que você tem a dizer e às vezes associarão o que diz com a sua religião. Eu não gosto disso, mas infelizmente é assim que o mundo funciona. Se um grupo de wiccanos consome drogas, as pessoas poderão supor que a Wicca admite o uso de drogas. Nós sabemos a verdade – que o lema de não prejudicar ninguém inclui a nós mesmos –, mas elas não sabem! Goste ou não, se você declarou para o mundo que é wiccano, então a sua vida e a maneira como a vive servirão de exemplo para outras pessoas. É importante que você viva de modo responsável, pois isso afeta o modo como as pessoas vêem a nossa religião. Cuidar da sua imagem é um passo decisivo para aumentar a consciência e a tolerância das pessoas com relação ao nosso caminho.

Imagem *versus* Estilo

As pessoas muitas vezes confundem o conceito de imagem com o de estilo. A imagem de uma pessoa é uma mistura de confiança, personalidade e boa reputação. O estilo só tem a ver com roupas, moda e acessórios. Quando encontramos alguém pela primeira vez, essas duas coisas juntas são responsáveis pela impressão que temos dessa pessoa e pelo impacto que ela nos causa. No entanto, geralmente a imagem continua nos causando impressão, enquanto o estilo aos poucos vai ficando em segundo plano.

Quando eu digo que cuidar da imagem é decisivo para aumentar a consciência e a tolerância das pessoas com relação ao nosso caminho, não estou querendo dizer que todo wiccano tem de pisar em ovos, ser perfeito aos olhos das pessoas ou se vestir de uma determinada maneira. Seja você mesmo e respeite todas as belezas que a Deusa lhe deu! Vá aos lugares, encontre os amigos e se vista como quiser.

Isso traz à tona um tópico bem interessante. Vários wiccanos dizem que os praticantes de estilo gótico (que preferem se vestir de preto e têm uma queda por coisas mais sombrias) só colaboram para denegrir a imagem da Wicca. Essa idéia não faz sentido. Como o estilo de umas poucas pessoas pode denegrir uma religião? Eu compreendo que *piercings*, uma pele pálida, batom preto e trajes negros dos pés à cabeça não são para todo mundo e podem causar um certo desconforto naqueles que não entendem o estilo gótico. O que eu não consigo aceitar é a idéia de usar esse desconforto como uma desculpa para criticar alguém que prefere se vestir de modo diferente. Algumas pessoas que não seguem a religião wiccana – e até mesmo algumas que a seguem – são responsáveis por esse preconceito. Está na hora de acabar com isso, pois, no final das contas, a intolerância com relação aos wiccanos góticos é que vai denegrir a imagem de todos nós.

Eu sempre fui gótica, pelo menos até certo ponto, mas ser gótica e ser wiccana são coisas diferentes.

— Luna, 16 anos, Finlândia

Eu não me considero gótico, mas os outros sempre me viram assim. Eu sempre me visto de preto. Isso simplesmente porque, como a palavra night *(noite, em inglês) do meu nome mágico, a cor preta lembra a noite e a escuridão da noite simboliza o universo como um todo e as energias coletivas de todos que vivem nele.*

— Chiron Nightwolf, 16 anos, Geórgia, EUA

O Estereótipo do Wiccano Adolescente

Os wiccanos góticos não são o único grupo estereotipado. Na verdade, os praticantes adolescentes também são muito insultados pelos wiccanos mais velhos. Eles acham que só estamos nisso para fazer feitiços, mas a verdade é que nós amamos esse caminho espiritual pelos mesmos motivos que eles: ele nos dá força, abre a nossa mente e conforta a nossa alma. Mas existe o outro lado da moeda: também existem adultos que respeitam os jovens que praticam a Wicca. Eles percebem que somos a próxima geração e que um dia ocuparemos as posições mais elevadas nos covens, estabeleceremos políticas e lideraremos organizações contra a discriminação. Se ao menos uma quantidade maior de praticantes adultos pensassem dessa forma, os wiccanos adolescentes não se sentiriam tão pouco aceitos dentro da própria religião.

Esse é um assunto que me afeta pessoalmente. Alguns anos atrás, quando eu tinha quinze anos e morava em Nova York, vi um anúncio num quadro de avisos de uma loja esotérica. Tratava-se de um grupo de estudos formado por iniciantes que moravam na região. Eu fiquei entusiasmada com a perspectiva de participar de um grupo e de me encontrar com outros praticantes. Anotei rapidamente o e-mail da responsável pelo grupo e escrevi para ela no dia seguinte.

Eu contei que a minha mãe tinha aceito o meu caminho espiritual e perguntei se podia me integrar ao grupo de estudo. Embora o anúncio não mencionasse a idade mínima dos interessados a entrar no grupo, ela me disse que eu não poderia entrar no grupo porque não estava dentro da faixa etária ideal.

Eu me dedicava ao meu caminho e sabia que ele continuaria fazendo parte da minha vida. Foi difícil para mim entender por que fui rejeitada. Até então, eu nunca topara com esse tipo de preconceito. Durante semanas, eu me senti abandonada pela minha própria religião.

Até que um dia superei a dor e passei a me interessar pelo trabalho solitário. Complementei a minha prática conversando com outros praticantes pela Internet. No entanto, nunca me esqueci dessa experiência frustrante, que em parte é o que me motiva a escrever e a ter contato com outros adolescentes.

Eu quero acreditar que, um dia, no futuro, os jovens serão mais aceitos e se sentirão mais integrados na sua própria religião. Até lá, se algo parecido acontecer com você, não deixe que isso o desanime ou interfira no seu caminho espiritual. Acredite, você não vai querer mesmo se envolver com wiccanos esnobes que se acreditam melhores do que você! Encontre outros adolescentes na região em que mora, crie o seu próprio círculo de amizades e lembre-se de que o trabalho solitário também pode ser maravilhoso e profundamente gratificante.

Na verdade, os meus próprios mentores me olharam com desprezo quando eu os encontrei pela primeira vez. Havia muito tempo, eles tinham uma sala de bate-papo na Internet e um dia eu entrei. Com o tempo eles passaram a me respeitar e a perceber que eu realmente queria seguir esse caminho.

– Ariawn, 19 anos, Ohio, EUA

Nenhum wiccano adulto jamais me tratou com desrespeito ou menosprezo. Felizmente, eu nunca cruzei com nenhum praticante que se julgasse superior a mim.

– Chiron Nightwolf, 16 anos, Geórgia, EUA

Quando eu comecei a freqüentar um grupo social pagão no meu bairro, senti que as pessoas estavam sempre julgando o que eu fazia e me achando ignorante e inexperiente. Eu sentia que os pagãos mais velhos não levavam em consideração nem respeitavam as minhas opiniões e

Do Livro das Sombras de Gwinevere

25 de março de 2000 – 15 anos

A minha melhor amiga e eu fomos numa loja de artigos esotéricos. Era a primeira vez que ela ia numa loja dessas. No caminho, ela me perguntou se as paredes eram pintadas de preto e se a loja dava medo. Como eu já tinha ido lá muito tempo atrás, garanti que não havia o que temer. Quando nos aproximamos da loja, vi que ela continuava igual, com o barulhinho dos mensageiros dos ventos balançando com o vento. Dentro, as paredes eram brancas (não pretas como temia a minha amiga). Nós duas compramos incenso, a coisa mais barata que havia ali, e ficamos conversando um pouco com uma das proprietárias. Era uma mulher bonita, de cabelo preto e grandes olhos azuis; um estilo bem bruxo. Mesmo com a nossa pouca idade, ela nos tratou com respeito e isso realmente significou muito para mim.

pontos de vista e que a minha presença mais os irritava do que qualquer outra coisa. No entanto, apesar da minha preocupação inicial, eu continuei a participar das reuniões mensais e aos poucos fui me sentindo aceito pelo grupo.

— GEDE, 15 ANOS, QUEENSLAND, AUSTRÁLIA

Bordões Negativos

Nas últimas páginas, você talvez tenha notado um tema constante: wiccanos espezinhando outros wiccanos. Estamos sempre dizendo que as outras religiões não nos entendem e não demonstram tolerância, mas como podemos reclamar se existem tantos conflitos e insultos dentro da nossa própria religião?

Ultimamente, temos visto termos pejorativos sendo usados por aí para descrever níveis de experiência e estilos de prática. Se alguém quer experimentar fazer feitiços, sem se dedicar realmente à Wicca, é chamado de "amador". A decisão de praticar a Arte a título de experiência, sem deixar de levar a Rede em consideração, não deveria ser vista com maus olhos. Na verdade, a possibilidade de experimentar, antes de decidir se gosta de uma coisa ou não, deveria ser vista como uma vantagem. Uma outra versão do praticante amador é o chamado *"novato"*, aquele para quem tudo é novidade, que nunca se cansa de falar sobre covens, caldeirões e filmes que tratam de magia. Os praticantes experientes precisam entender que os iniciantes sempre têm esse entusiasmo de marinheiro de primeira viagem. Chega uma hora que eles caem na real, depois que se cansam de falar de instrumentos e feitiços mágicos. Ter paciência com esses novatos é uma necessidade. Lembre-se de que você também foi iniciante um dia.

De todos esses bordões, o que eu menos gosto é "coelhinho fofinho". Esse termo é às vezes usado por alguns bruxos tradicionais para descrever praticantes que só fazem trabalhos de magia positiva. Aqueles que costumam usar esse bordão se justificam dizendo que esses wiccanos não honram os aspectos mais sombrios da vida e da natureza. Eu acredito, no entanto, que muitos wiccanos na verdade reconhecem um aspecto mais sombrio. Não estamos alheios à idéia de que existem energias diferentes. A nossa crença no equilíbrio nos mostra que precisamos ter a escuridão para ter a luz. Ao longo do ciclo da lua e das estações, os wiccanos se dão conta dessas duas energias e trabalham com elas, mas de modos produtivos e canalizados para propósitos positivos.

A lua negra (um período de vários dias que vai até a lua nova) pode ser utilizada na magia para prejudicar ou proteger. Por exemplo, se alguém estiver fofocando a seu respeito, essa fase da lua pode ser usada para uma vingança, mas um wiccano que tenha ética preferirá deter a energia negativa e enviá-la para a terra, para que possa ser neutralizada. Existe uma diferença entre reconhecer o lado escuro e lançar mão dele com propósitos destrutivos. Os wiccanos buscam soluções morais e se empenham para transformar a energia da natureza de maneiras positivas, como lançando feitiços de cura ou escudos de proteção.

Não quero fazer sermões, mas precisamos parar com os insultos, os rótulos e os estereótipos. Se, daqui em diante, todo mundo parar de usar termos pejorativos como os que mencionei, poderemos avançar na direção certa. Haverá muito menos conflitos e teremos tempo para nos concentrar em questões mais importantes para a comunidade wiccana/pagã.

✣ Do Livro das Sombras de Gwinevere
21 de novembro, 18 anos

Tenho lido resenhas sobre o meu livro *Spellcraft for Teens*. A maioria delas são ótimas, mas um dos resenhistas disse algo do tipo: "um guia simples para os frangotes da Wicca". Posso dizer que, no resto da resenha, ele não foi lá muito receptivo e eu sinto que preciso me defender. Só porque um livro é básico isso não significa que ele seja ruim, e só porque alguém está começando, isso não significa que possa ser rotulado com termos pejorativos. Todos nós um dia também fomos novatos. Além do mais, ser iniciante é algo passageiro! Eu detesto rótulos e os insultos em geral costumam mexer com os meus nervos!

A natureza não é boa nem má, embora ela seja criativa e destrutiva. Sem a morte, não existiria a vida. Sem a escuridão, não poderia existir a luz.

— Anubis RainHawk, 15 anos, Califórnia, EUA

Praticantes do Sexo Masculino

Quando comecei a reunir as minhas anotações para escrever *Confissões de uma Bruxa Adolescente*, eu já sabia que queria escrever um tipo diferente de

A WICCA NOS DIAS DE HOJE 103

livro. Em vez de sugerir que o leitor realizasse rituais ou lançasse círculos à minha moda, eu gostaria de lhe mostrar como ele próprio pode lançar um círculo ou realizar um ritual. Em vez de apresentar só os meus pontos de vista, eu incluiria as opiniões de outros praticantes, de vários lugares do mundo. E, finalmente, em vez de me dirigir apenas às adolescentes do sexo feminino, assim como fazem centenas de outros manuais metafísicos, eu me dirigiria a ambos os sexos. Os praticantes do sexo masculino, especialmente na adolescência, têm sido ignorados há muito tempo pelos escritores de livros sobre a Wicca. Esse deslize será corrigido agora. Nas próximas páginas, você encontrará informações para adolescentes do sexo masculino sobre como enriquecer e complementar a sua prática pessoal, como usar o poder dos dragões e como entrar em contato com o seu Deus interior.

Antes de passarmos para os rituais, conheça a opinião de vários colaboradores a respeito da prática da Wicca:

Os wiccanos do sexo masculino não são levados a sério. Por falha da mídia, muitos acreditam que só existem mulheres na Wicca. Muitos livros sobre a religião são escritos exclusivamente para praticantes do sexo feminino. O que é pior, algumas editoras procuram fazer capas que atraiam as mulheres, excluindo completamente os leitores do sexo masculino. Muitas vezes, em parte por causa da mídia, os homens são vistos como se tivessem menos poder. Existe uma grande variedade de instrumentos, livros e grupos especificamente para wiccanas. Pode demorar um pouco, mas um dia o mundo todo perceberá que existem homens na Wicca e que eles não são inferiores às praticantes do sexo feminino.
— ANUBIS RAINHAWK, 15 ANOS, CALIFÓRNIA, EUA

Eu acho que os homens começaram a praticar a Arte para explorar o equilíbrio sexual e aprender sobre o seu lado feminino. Eles querem desenvolver a sua passividade para combater a imagem estereotipada de masculino ativo.
— PYTHO, 14 ANOS, MILÃO, ITÁLIA

Os homens procuram a Wicca pelas mesmas razões que as mulheres — algo nos chama. Quando eu pesquisei sobre a Wicca pela primeira vez, o conceito de Deusa, de divindade na natureza e de magia, todos eles pareciam fazer sentido. Eu estava buscando respostas e buscando a experiência do divino. Anos depois, estou praticando e ainda me inte-

resso por essa espiritualidade antiga. Ambos os sexos podem encontrar respostas dentro da Wicca. É por isso que ela é tão diferente.

— ANUBIS RAINHAWK, 15 ANOS, CALIFÓRNIA, EUA

Os caras que se interessam pela Wicca estão provavelmente interessados em descobrir como podem aprender a usar o seu próprio senso de poder e de identidade para fazer mudanças reais e afetar a própria vida de modo positivo.

— GEDE, 15 ANOS, QUEENSLAND, AUSTRÁLIA

Quando um bruxo começa a falar da Arte, ele geralmente se depara com olhares céticos e bestificados que parecem dizer, "Isso não é coisa de mulher?" Não existe engano maior; no entanto, não é por culpa do público que eles não percebessem que a Bruxaria também é praticada por homens.

— GEDE, 15 ANOS, QUEENSLAND, AUSTRÁLIA

A maioria dos livros sobre Wicca dá poder para as mulheres, mas eles raramente percebem que ambos os sexos precisam desse poder.

— ANUBIS RAINHAWK, 15 ANOS, CALIFÓRNIA, EUA

O Trabalho com a Energia do Dragão

Os dragões são antigas criaturas míticas ainda reverenciadas no mundo moderno como formas de energia e que continuam vivas nos contos populares medievais do Oriente. Houve uma época em que as pessoas acreditavam que os dragões tinham poderes mágicos e uma vitalidade e força sobrenaturais. Como símbolo da sorte, o dragão tem o sopro da vida e carrega os ventos da mudança em suas asas.

Sintonize a sua energia pessoal com essas entidades, em sua forma astral, incitando-os (despertando-os suavemente e fazendo-lhes um convite) a entrar no seu espaço sagrado por meio dos quatro elementos. A seguir, serão descritas as invocações dos quadrantes dos dragões, que eu mesma criei. Se você quiser, acrescente-as ao ritual de lançamento do círculo (na sexta etapa), apresentado no Capítulo Seis. Alguns praticantes preferem não invocar as vibrações dos dragões no lançamento do círculo porque as consideram fortes demais. No entanto, acho que, se os dragões forem invocados com delicadeza e respeito, eles acabam se acostumando ao praticante e contribuindo com a sua prática.

A WICCA NOS DIAS DE HOJE 105

Eu adoro dragões e uso a energia deles na minha prática sempre que possível. Os dragões são criaturas mágicas muito poderosas, e a vida deles é infinita, o que os torna sábios conselheiros.

— CHIRON NIGHTWOLF, 16 ANOS, GEÓRGIA, EUA

Fique de frente para o quadrante norte do círculo, com o seu instrumento ritual preferido na mão, e faça a seguinte invocação:

"Eu ativo o poder dos mistérios sagrados, Dragão do Norte majestoso!
Desperte e apareça com o coração da Terra,
para zelar pelo meu rito e guardar o portal do tempo.
Em sua homenagem, com perfeito amor e perfeita confiança. Abençoado seja!"

Visualize o dragão que você está invocando, num fértil campo verdejante. Cumprimente-o com a cabeça e passe para o elemento seguinte.

De frente para o quadrante leste do círculo, empunhe o seu instrumento e diga:

"Eu ativo o poder dos mistérios sagrados, Dragão do Leste majestoso!
Desperte e apareça com o sopro do Ar,
Para zelar pelo meu rito e guardar o portal do tempo.
Em sua homenagem, com perfeito amor e perfeita confiança. Abençoado seja!"

Visualize o dragão voando pelo ar fresco e revigorante. Cumprimente-o com a cabeça e passe para o elemento seguinte.

De frente para o quadrante sul do círculo, empunhe o seu instrumento e diga:

"Eu ativo o poder dos mistérios sagrados, Dragão do Sul majestoso!
Desperte e apareça com a centelha do Fogo,
Para zelar pelo meu rito e guardar o portal do tempo.
Em sua homenagem, com perfeito amor e perfeita confiança. Abençoado seja!"

Visualize o dragão cuspindo uma protetora labareda de fogo. Cumprimente-o com a cabeça e passe para o elemento seguinte.

106 CONFISSÕES DE UMA BRUXA TEEN

De frente para o quadrante oeste do círculo, empunhe o seu instrumento e diga:

"Eu ativo o poder dos mistérios sagrados, Dragão do Oeste majestoso!
Desperte e apareça com um curso d'Água,
Para zelar pelo meu rito e guardar o portal do tempo.
Em sua homenagem, com perfeito amor e perfeita confiança. Abençoado seja!"

Visualize um dragão banhando-se numa chuva fina. Cumprimente-o com a cabeça e passe para a etapa seguinte do lançamento do círculo e para a invocação das divindades.

Para dispensar essas criaturas (depois de concluídos os trabalhos), fique de frente para o quadrante oeste do círculo. Agradeça ao dragão da água pelo auxílio e despeça-se dele. Cumprimente-o com a cabeça e continue no sentido horário, detendo-se em cada quadrante e em seu respectivo elemento.

O DEUS DENTRO DO RITUAL

Este ritual é dirigido à forma masculina de divindade. Ele foi escrito para praticantes do sexo masculino e concentra-se no Deus em seu aspecto solar.

Material
Uma casca de laranja
Três palitos de canela
Duas colheres de sopa de camomila
Um recipiente pequeno

Correspondências adicionais
Alimentos: cajus, palitos de gergelim, sementes de girassol, nozes
Bebidas: água, sucos cítricos (grapefruit, laranja, abacaxi, tangerina)
Incenso: pimenta-da-jamaica, copal, olíbano, junípero, patchouli, sândalo
Óleos: bergamota, cedro, camomila, canela, junípero, laranja, patchouli, alecrim, sândalo
Para obter melhores resultados, realize este ritual num domingo, por volta do meio-dia.

A WICCA NOS DIAS DE HOJE

Depois de lançado o círculo, use a invocação a seguir para fazer um convite ao Deus. *Nesse ritual, a invocação da Deusa é opcional.*

"Mensageiro da manhã, regente do dia
Deus resplandecente de iluminação solar
Ele que é antigo
Rá, Sol, Lugh, Apolo
Senhor do Sol
Eu te convido para o meu espaço sagrado."

Para começar, coloque todos os ingredientes do ritual diante de você e sente-se confortavelmente. Feche os olhos e visualize o sol irradiando um suave calor. Imagine os seus raios entrando no cômodo, dançando sobre a sua cabeça e percorrendo o seu corpo. Ainda de olhos fechados, coloque as mãos sobre os ingredientes. Sinta a energia percorrendo os seus braços, saindo pelas suas mãos e envolvendo os itens mágicos com a luz do Deus. Quando estiver pronto, abra os olhos e passe para a fase seguinte.

Coloque a casca de laranja, os palitos de canela e a camomila no recipiente, um de cada vez, e então misture-os com a mão enquanto recita o encantamento a seguir com paixão:

"Deus, selvagem espírito dançarino do fogo
Senhor, rio de luz dourada
Tu que és poder
Eu toco os teus raios sedosos
E abro a minha alma para a tua essência
Me guia na jornada da minha vida
Eu peço o teu auxílio
Concede-me a tua força, a tua perseverança e a tua sabedoria
Desperta dentro de mim
Para que eu possa ver o divino aonde quer que eu vá
Deixa o teu amor brilhar
Mostra-me os teus mistérios
Deus, selvagem espírito dançarino do fogo
Senhor, rio de luz dourada
Tu que és poder
Mostra-me os mistérios, pois eu sou teu filho
Abençoado sejas!"

Tire as mãos dos ingredientes e passe alguns momentos em reflexão. Use o resto do tempo para meditar, comungar com a divindade ou escrever no seu Livro das Sombras. Se quiser, faça uma oferenda ao Deus, usando o alimento que corresponde a ele (veja a lista de sugestões dadas). Em seguida, abra o círculo, limpe tudo e volte aos afazeres do dia-a-dia.

SEIS

O Lançamento do Círculo

Os wiccanos lançam um círculo para que possam abrir a mente, o corpo e o espírito, conectar-se com o divino, definir um espaço sagrado e impedir vibrações negativas de interferir em trabalhos especiais. O lançamento do círculo também os ajuda a chegar no estado de espírito ideal para a realização de um rito, isto é, tranqüilo, receptivo, intuitivo e, ainda assim, concentrado. O círculo é composto da energia pessoal do praticante, das bênçãos da divindade, dos quatro elementos e também de uma barreira parapsíquica fisicamente definida e visualizada.

Este capítulo tratará em detalhes das doze etapas do lançamento de um círculo. Você poderá escolher entre várias opções e métodos, criando assim um ritual personalizado de lançamento de um círculo. Depois de concluir os exercícios deste capítulo, tome nota da versão definitiva do ritual no seu Livro das Sombras.

A movimentação da energia num padrão cíclico pode ajudar a gerar emoções primais instintivas dentro do indivíduo e induzir estados de transe. Muitas coisas na natureza e no universo movimentam-se num padrão ou ciclo circular e, quando imitamos a harmonia da natureza, nós imprimimos no sol, na lua, nas estações e na humanidade um pulsar concentrado de energia viva e vibrante.

— GEDE, 15 ANOS, QUEENSLAND, AUSTRÁLIA

> ⚸ Do Livro das Sombras de Gwinevere
> *16 de junho de 1999, 14 anos*
> Tive um sonho muito vívido com um cômodo antigo cheio de livros sobre magia e coisas relacionadas à Wicca e à Deusa. As estantes ficavam encostadas nas paredes e iam do chão até o teto. O sol brilhava através de várias janelas altas e eu estava de pé no centro de um círculo. Eu sentia que estava num espaço sagrado.

Quando realizo rituais ou organizo encontros de bruxos, eu lanço um círculo mágico e faço uma pequena bênção, só para harmonizar as energias do ambiente.

— CHIRON NIGHTWOLF, 16 ANOS, GEÓRGIA, EUA

Preparativos

ONDE LANÇAR O CÍRCULO?

Uma das primeiras coisas que você tem de fazer antes de lançar o círculo é decidir onde você gostaria que fosse o seu espaço sagrado. Como somos adolescentes, nossas opções são um pouco limitadas. Os wiccanos tradicionais sugerem que esse espaço seja ao ar livre, para que se possa estar em contato com a natureza e com o divino. No entanto, no quintal geralmente não temos a privacidade de que precisamos. Os rituais e os trabalhos de magia realizados dentro de casa têm suas vantagens: não precisamos nos preocupar com as condições meteorológicas ou com a possibilidade de o vento apagar as velas. Dentro de casa, você pode lançar o círculo na sala de estar, mas a maioria dos adolescentes prefere fazer isso no quarto de dormir. É ali que provavelmente estão os seus instrumentos, os ingredientes dos seus feitiços e o altar, por isso é mais prático lançar o círculo onde você se sente mais à vontade, tem os seus instrumentos à mão e uma certa privacidade. Se o seu coração anseia pelo contato com a natureza, faça uma breve caminhada ao ar livre antes de lançar o círculo. Respire ar fresco, sinta a energia da natureza e depois volte para casa e realize o ritual ou feitiço. Para mais informações sobre quando lançar feitiços e realizar rituais, consulte o Capítulo Dez.

Quando estou fazendo um ritual dentro de casa, eu quase sempre lanço um círculo. Quando estou ao ar livre, em meio às árvores, eu geralmente não sinto necessidade do círculo, porque a natureza já é sagrada.
— LUNA, 16 ANOS, FINLÂNDIA

O QUE USAR?

Os wiccanos têm três opções de roupa: trabalhar vestidos de céu (nus), com trajes rituais como uma túnica, com a sua roupa favorita, com roupas em estilo renascentista, etc., ou com roupas comuns (o que eu prefiro). Sempre achei que os poderes superiores se importam mais com a postura interior, com o amor e com as intenções positivas do praticante do que com as roupas que ele pode estar usando (ou não). Se você ainda está incerto sobre que roupa usar, experimente cada uma delas e descubra com qual você se adapta melhor. Lembre-se, o conforto é o fator mais importante. O uso de jóias ou bijuterias com um significado ou simbolismo especial também pode enriquecer a sua experiência. Usar no pescoço uma corrente com um pingente de pentáculo é uma prática comum entre os wiccanos (mas opcional).

A decisão de praticar nu ou vestido cabe apenas à pessoa. Eu, pessoalmente, acho melhor trabalhar vestido de céu, pois essa prática leva você de volta ao estado natural.
— ANUBIS RAINHAWK, 15 ANOS, CALIFÓRNIA, EUA

Eu nunca pratiquei vestido de céu, principalmente porque a idéia de ser surpreendido pela minha irmã menor me apavora.
— LYNX SONG, 15 ANOS, LOUISIANA, EUA

PRIVACIDADE

Rituais, feitiços, datas festivas, luas cheias, tudo isso tem um significado especial na Wicca. Nós usamos esses formatos e métodos para entrar em contato com a divindade, para nos sentir poderosos e para atingir os nossos objetivos. É importante que os rituais não sejam feitos às pressas nem interrompidos. Privacidade e um ambiente propício são fatores essenciais. O planejamento antecipado pode evitar imprevistos e impedimentos com relação ao tempo. Procure encontrar um horário em que a sua família esteja ocupada, talvez assistindo à TV à noite, ou que seus irmãos estejam passeando no *shopping* no fim de semana. Explique que você gostaria de ficar sozinho no seu quarto para refletir, meditar ou fazer umas "coisinhas da Wicca". Com o estado de espírito certo e um pouco de planejamento, você vai conseguir a privacidade e a paz de que precisa para lançar o seu círculo.

Preparativos gerais

O meu ritual costuma durar em torno de quarenta e cinco minutos, por isso eu procuro ficar o mais confortável possível. Quando me sento diante de velas acesas, eu procuro prender o cabelo, pois essa é uma precaução necessária que não demora quase nada. Tirar os sapatos é outra coisa que sempre faço antes de um ritual. É uma demonstração de respeito pelos poderes superiores e um modo de preservar o espaço sagrado. Por fim, uma vez que o círculo é um "lugar entre dois tempos", eu tiro o relógio e desligo o relógio que fica no meu quarto. Desse modo eu consigo esquecer temporariamente o mundo lá fora, as suas tensões e exigências, e refletir sobre o significado verdadeiro do meu foco ritual.

Previna problemas

Mesmo planejando tudo antecipadamente, você pode esquecer um instrumento essencial, pode derrubar a água sagrada da Lua Cheia ou ser interrompido por um membro da família. O que você pode fazer então? Pode ficar chateado ou dar um jeito de consertar o estrago. Se você já tiver consciência dos problemas que podem acontecer, isso o ajudará a não perder a concentração, a corrigir as coisas rapidamente e a seguir em frente com o ritual, sem perder a vontade de continuar. A seguir, apresento uma lista dos problemas que podem surgir e dou dicas sobre como solucioná-los.

Foi estabanado? Deixe um pedaço de papel-toalha embaixo do Livro das Sombras. Se você derramar alguma coisa, será mais fácil secar.

Esqueceu um instrumento? Primeiro, pense se esse instrumento é de fato necessário. O seu dedo indicador pode substituir uma varinha ou athame. Uma alternativa é visualizar que está abrindo uma passagem no círculo, sair, pegar o objeto que está faltando e voltar para dentro do círculo, selando a passagem. Desse modo você não vai ter a sensação de que rompeu o círculo nem sentirá nenhum tipo de perturbação.

Alguém da sua família bateu na porta e interrompeu o seu ritual? Pense por um instante no que vai fazer, dependendo da situação. Se necessário, feche o círculo e termine o ritual ou feitiço mais tarde.

As Doze Etapas do Lançamento do Círculo

ETAPA NÚMERO UM: A ATMOSFERA CERTA

A criação de uma atmosfera de serenidade propiciará efeitos calmantes e ajudará você a se concentrar no objetivo do seu ritual. Existem três maneiras de criar essa atmosfera: purificar-se, usar pouca iluminação e colocar uma música suave para tocar. Alguns praticantes sugerem que se tome um banho purificador; para poupar tempo, limite-se a lavar as mãos e o rosto na pia ou passe a água sagrada da Lua Cheia no terceiro olho e nos pulsos. Seja qual for o método que escolher, visualize a negatividade sendo eliminada.

A iluminação à luz de velas é a preferida dos wiccanos. No entanto, um abajur com uma lâmpada fraca também será suficiente para que você possa ler o que está escrito no Livro das Sombras, sem deixar o ambiente iluminado demais. Para dar um toque a mais, use um globo com luzes coloridas, do tipo que se usa em festas!

Ouça um CD de músicas suaves, num volume baixo, enquanto faz o ritual ou feitiço. Isso também contribuirá para criar uma atmosfera mais propícia. Existem muitas opções: sons de ondas quebrando, cânticos, canções em homenagem à Deusa, Enya, temas celtas, música clássica e muitos outros.

☾ **Do Livro das Sombras de Gwinevere**
4 de junho de 2003 – 18 anos
Está trovejando. O estrondo se espalha pela casa toda. Eu adoro o barulho de uma boa tempestade de verão. Sinto no chão sob os meus pés o estalo dos raios caindo. A minha ligação com a terra parece aumentar durante as tempestades. Alguns dos meus maiores feitiços foram lançados durante chuvaradas, tempestades e o silêncio aconchegante da noite. O tempo e a chama das velas dançando no altar criaram toda uma atmosfera esta noite.

ETAPA NÚMERO DOIS: A ORGANIZAÇÃO DO ESPAÇO SAGRADO

Ao lançar o círculo, você precisa deixar espaço suficiente para poder andar dentro dele, dispor todos os instrumentos de que precisará, sentar-se confortavelmente e reservar um lugar para trabalhar. No caso dos praticantes solitários, o círculo médio tem em torno de um metro e meio de diâmetro. Quanto mais pessoas participarem do trabalho, maior terá de ser o círculo. Para definir o aspecto físico do círculo, faça um círculo no chão usando uma fita ou corda comprida. Você também pode marcar os limites do círculo usando pedras, conchas, flores, pétalas, pinhas ou desenhando com giz.

Como a sua área de trabalho será limitada, você precisará de um pequeno altar (do tamanho de uma bandeja). Eu deixo as minhas representações dos deuses e os ingredientes dos meus rituais ou feitiços sobre uma bandeja que me serve de altar. A varinha, a vassoura e o Livro das Sombras ficam ao meu lado.

A seguir, selecione as suas representações dos elementos (leia sobre o assunto no Capítulo Quatro) e coloque-as dentro do círculo, nas suas respectivas direções: Norte/terra, Leste/ar, Sul/fogo e Oeste/água. Depois verifique se não esqueceu nenhum instrumento ou ingrediente necessário para o ritual ou feitiço. Para ter certeza de que não vou esquecer nada, eu faço uma lista de tudo de que vou precisar e vou dando um visto em cada um dos itens à medida que os incluo no meu espaço sagrado.

No seu Livro das Sombras, anote como você pretende definir o círculo, criar uma área de trabalho e representar os elementos.

ETAPA NÚMERO TRÊS: A PURIFICAÇÃO DO ESPAÇO SAGRADO

Existem muitos métodos para purificar um espaço sagrado, mas o objetivo é sempre o mesmo: eliminar toda a negatividade e purificar a área com propósitos rituais. Eu uso a minha vassoura para varrer o círculo e mandar embora todas as energias indesejáveis. Consulte a seção sobre instrumentos do Capítulo Quatro para ter mais detalhes a esse respeito. Você também pode queimar incenso ou usar trouxinhas de sálvia para purificar o seu espaço. Os praticantes costumam caminhar no sentido horário (deosil), visualizando a área sendo purificada de toda a negatividade.

A água salgada é um outro método de consagração. Adicione algumas pitadas de sal a uma jarra de água fresca e infunda-a com energia positiva. Essa mistura potencializada pode ser usada de duas maneiras: adicione alecrim, menta ou raminhos de sálvia frescos à água salgada e depois borrife o círculo enquanto anda vagarosamente pelo círculo em deosil. Ou mergulhe um ou dois dedos na água e vá pingando gotinhas pela circunferência do círculo. Para fortalecer o processo de purificação, você pode entoar uma bênção ou cântico enquanto pratica um dos métodos descritos anteriormente. Lembre-se, faça visualizações e ande sempre no sentido horário.

Use o seu Livro das Sombras para registrar o método de purificação que pretende usar e a bênção que escreveu para criar o espaço sagrado.

Trouxinha de sálvia e alecrim para purificar o espaço sagrado

ETAPA NÚMERO QUATRO: CENTRAMENTO

O centramento serve para dispersar a negatividade acumulada e também para levar o praticante ao estado de espírito propício para o ritual. A seguir, apresento o roteiro do centramento que eu mesma uso. Sinta-se à vontade para adaptá-lo às suas necessidades.

Para começar, fique de pé no meio do círculo, voltado para o Norte. Firme os pés no chão e deixe-os alinhados com os ombros. Os braços podem ficar soltos ou estendidos no alto, com as palmas abertas (isso é o que se chama posição da Deusa). Se você pretende usar uma varinha ou athame para lançar o círculo, durante este exercício segure esse instrumento com a mão dominante (aquela com que você escreve).

Feche os olhos e respire fundo algumas vezes, inspirando pelo nariz e soltando o ar devagar pela boca. Limpe a mente de pensamentos aleatórios e visualize os pés como se eles fossem parte da terra; imagine-os com raízes, se quiser. Ligue todo o seu corpo com a Mãe Terra e capte a energia positiva dela na forma de uma névoa verde ou branca. Atraia para você suas vibrações poderosas e cheias de amor e deixe que elas envolvam cada parte do seu corpo.

Depois de alguns instantes, visualize os pés do jeito que eles são de verdade e concentre-se na respiração. Depois que a sua respiração tiver se normalizado, abra os olhos vagarosamente. Se você estiver na posição da Deusa, abaixe os braços e siga adiante com o lançamento do círculo.

Tome nota sobre esse exercício de centramento no seu Livro das Sombras. Você vai segurar um athame ou uma varinha? Ficará na posição da Deusa ou com os braços soltos ao lado do corpo? Vai alterar a visualização para adaptá-la às suas necessidades?

Os rituais wiccanos padrão, como o lançamento do círculo, nem sempre estão no topo da minha lista de prioridades. Eu acho que focar e centrar a mente antes do trabalho de magia é suficiente para mim.

— GEDE, 15 ANOS, QUEENSLAND, AUSTRÁLIA

Eu sempre lanço um círculo nos Sabás e nos Esbás, mas, se estou fazendo uma magia de "menor importância", eu muitas vezes só faço uma prece de proteção antes do trabalho.

— ARIAWN, 19 ANOS, OHIO, EUA

ETAPA NÚMERO CINCO: CRIE UM CÍRCULO DE ENERGIA

Esta etapa faz parte do lançamento do círculo, propriamente dito, por isso vá devagar e mantenha a mente concentrada. Para auxiliar nessa tarefa, use a palma da sua mão dominante, a varinha ou o athame. Para começar, fique de pé diante do quadrante Norte e alinhe a palma da mão ou o seu instrumento com a borda do círculo. Feche os olhos e capte a energia do ar à sua volta; visualize o poder divino da lua, do sol e da terra entrando pelo seu braço. Abra os olhos e canalize essa energia pelo braço e pela mão, projetando-a no instrumento e dali para a circunferência do círculo. Visualize esse jorro de energia na forma de luz, névoa ou centelhas.

Mantenha a palma da mão ou o instrumento alinhado com o círculo enquanto você se volta para o lado e começa a caminhar lentamente pelo círculo sagrado, no sentido horário. Continue a projetar a energia visualizada, enquanto passa pelos outros elementos: ar, fogo e água. Por fim, quando você voltar para o elemento terra, no quadrante Norte, sele o círculo e encoste a mão (a varinha ou athame) no peito. Lance um encantamento que afirme a criação do círculo.

No seu Livro das Sombras, anote em detalhes cada uma das etapas da criação do círculo. Você usará a sua mão dominante, a varinha ou o athame? Como visualizará a energia projetada: na forma de luz, névoa ou centelhas? Você "verá" uma cor específica? Quer que o seu círculo seja um anel, uma barreira compacta, uma esfera ou uma redoma? Crie também um encantamento para lançar depois que o círculo de energia estiver criado.

É como se a sua aura tivesse se expandido um metro e meio à sua volta e o mundo tivesse simplesmente se desintegrado. O espaço dentro do círculo parece surreal — como se você estivesse sonhando ou andando nas nuvens. Apesar da atmosfera de sonho, a sua mente continua focada e equilibrada.

— Pytho, 14 anos, Milão, Itália

Quando lança um círculo, é como se você estivesse construindo uma barreira no formato de uma esfera e fazendo com que esse espaço faça tanto parte deste mundo quanto do divino. É como se ele estivesse carregado, e eu sinto uma pressão luminosa quando estou perto da borda. Ela é quente.

— Ariawn, 19 anos, Ohio, EUA

Etapa número seis: invoque os elementos

No círculo, cada um dos elementos está ligado a um dos quatro pontos cardeais. O Norte está associado à terra, o Leste ao ar, o Sul ao fogo, o Oeste à água. A combinação dos elementos e das direções é chamada quadrante, guardião ou vigilante das torres. Invocando-os e convidando-os individualmente, nós atraímos a energia desses quadrantes para que supervisionem o nosso trabalho, conferindo-lhe poder e evitando que entre negatividade no espaço sagrado. Alguns wiccanos também optam por invocar anjos, elementais ou dragões, mas essa é uma prática opcional e personalizada.

O processo de invocação dos quatro quadrantes envolve ação, visualização e preces proferidas em voz alta. A maioria das tradições começa no Norte, que é considerado a direção do poder. Outras começam no Leste, onde tanto o sol quanto a lua nascem. Depois que você tiver decidido a direção em que quer começar, visualize os atributos associados a cada elemento em particular: o Norte tem a capacidade de nutrir, sustentar, e é fértil e verdejante. Sinta o poder dentro de você, segure a varinha ou athame e aponte-o para o quadrante escolhido, fazendo a invocação num tom firme e respeitoso.

Nessa altura, alguns praticantes desenham no ar o que chamam de "pentagrama de invocação" (uma estrela com uma ponta voltada para cima), usando para tal o instrumento de sua preferência. Continue a visualizar o pentagrama durante a invocação, depois faça uma pausa e abaixe lentamente o instrumento, passando então para o quadrante seguinte. Repita então o processo, visualizando os atributos associados a cada quadrante.

Anote no seu Livro das Sombras as invocações de cada quadrante. Decida se quer trabalhar com outras entidades (anjos, elementos, dragões, animais totêmicos, etc.). Tome nota da visualização de cada elemento e decida se vai desenhar o pentagrama de invocação.

Quando lanço um círculo, eu sinto cada um dos elementos entrando no círculo: a força e o conforto da terra, o conhecimento e a sabedoria do ar, a energia e o poder do fogo e o afago maternal e cheio de emoção da água.

— Chiron Nightwolf, 16 anos, Geórcia, EUA

Etapa número sete: invoque a Deusa e o Deus

Os wiccanos invocam a Deusa e o Deus para que testemunhem os rituais sagrados e também ajudem a proteger e a abençoar os trabalhos mágicos. Cada vez que a divindade é invocada, aumenta a sua ligação com as energias dela. Em muitos sentidos, você também desperta uma centelha divina — a sua Deusa e o seu Deus interior. Escreva as suas próprias invocações de coração ou use invocações prontas, tiradas de outras fontes. Consulte o Capítulo Três para saber mais sobre preces e invocações.

Não importa se decidiu usar uma invocação escrita por você mesmo ou tirada de um livro; o importante é que não se esqueça de fazer a visualização. O convite para os deuses pode ser tão formal ou informal quanto você quiser. Para dar início a esse processo invocatório, sente-se conforta-

O LANÇAMENTO DO CÍRCULO   119

velmente e olhe para as representações das suas divindades. Concentre-se na energia da Deusa e do Deus. Comece a ler a invocação bem devagar, procurando compreender cada palavra e o seu simbolismo. Pense numa floresta cortada por um riacho, em animais selvagens, estrelas cintilantes, frutos maduros, braços calorosos e um sorriso convidativo. Acredite firmemente que as suas vibrações amorosas estão presentes. Você pode até sentir uma mudança sutil na atmosfera do círculo. Use o seu Livro das Sombras para registrar invocações, visualizações e outros detalhes sobre a inovação dos poderes superiores.

ETAPA NÚMERO OITO: REALIZE O RITUAL OU FEITIÇO

Os círculos são lançados para ajudar o praticante a se concentrar nos seus trabalhos, que incluem os Sabás, os ritos de Lua Cheia, os rituais importantes, os feitiços mágicos, a meditação prolongada, a divinação, os exercícios ou buscas espirituais e a comunhão com a divindade, entre outras coisas. Os seus trabalhos devem ser preparados de antemão, para que você não esqueça nenhum instrumento ou ingrediente. Lembre-se de se concentrar, de visualizar, de se divertir e de não prejudicar ninguém.

Eu gosto da sensação dentro do círculo. Ele não é só um espaço sagrado entre dois mundos; ele oferece proteção e energia de cura. Quando lançamos feitiços, o círculo aumenta a energia e deixa o feitiço mais poderoso.

— ANUBIS RAINHAWK, 15 ANOS, CALIFÓRNIA, EUA

✄ Do Livro das Sombras de Gwinevere
16 de fevereiro de 2000 — 15 anos

Ocorreu-me agora que, ao invocar a Deusa e o Deus, eu devo encarar tudo com seriedade. Eu acho que existe uma linha divisória entre pedir pela presença deles e implorar. Mesmo que a tarefa do meu ritual seja séria, não acho certo me rebaixar, implorando desesperadamente por ajuda. Eu encontro outras maneiras de enfatizar a minha necessidade, dizendo simplesmente: "Senhor e Senhora, isto é importante para mim; eu apreciaria o seu apoio e orientação". Eu acredito que, quando usamos as invocações apropriadas, o respeito passa a ser mútuo.

Etapa número nove: a ancoragem

A ancoragem libera a energia gerada durante um ritual ou feitiço. Ela manda essa energia para a terra, fazendo com que o seu corpo volte a um estado natural, menos estimulado. O ideal é que, depois da ancoragem, você se sinta relaxado e cheio de ânimo. Existem duas maneiras de "aterrar o poder": realizando um banquete ritual (também chamado de bolos e vinho/cerveja) ou um rápido exercício de visualização.

Embora a palavra *banquete* possa evocar imagens de ceias de Ação de Graças, no ritual ela é mais simbólica. O cálice contém água ou suco (ver informações sobre o cálice no Capítulo Quatro para ter outras sugestões) e a comida consiste em pedaços de fruta, bolinhos, biscoitos e bolachas de água e sal. Antes de lançar o círculo, os petiscos são colocados num guardanapo e depois sobre o pentáculo do altar, para que sejam abençoados e consagrados.

Para que não seja preciso usar tantos instrumentos nem fazer muita bagunça, procure seguir a técnica de ancoragem descrita a seguir: Sente-se (ou deite-se) com as palmas das mãos abertas ao lado do corpo, tocando o chão. Respire fundo algumas vezes, inspirando o ar pelo nariz e soltando pela boca. Concentre-se na respiração por alguns minutos. Em seguida, visualize uma energia pulsante movendo-se pelos seus braços, pela palma das mãos e penetrando no chão. Deixe que pensamentos negativos ou dúvidas sigam o mesmo fluxo. Quando estiver pronto, imagine uma névoa

---

⚜ Do Livro das Sombras de Gwinevere
10 de setembro de 2003 — 19 anos

Eu estava ali inteira — o meu coração, a minha mente, o meu corpo e a minha alma. Lancei dois encantamentos e fiz um ritual de Lua Cheia. Sozinha diante do meu altar eu me sentei, com o meu Livro das Sombras ao lado, com desenhos e instruções detalhadas. Eu planejava isso há dias. Antes de começar eu estava nervosa. Seria por causa do tema do feitiço? Ou porque eu não lançava círculos há meses? Eu sei bem por que era, mas disse a mim mesma para canalizar a energia e usá-la para atingir os meus objetivos. Depois de lançar o círculo, invoquei as minhas divindades e quadrantes, coisas bem familiares para mim. É quase como reavivar uma memória. Palavras, atos parecidos, um reconhecimento do espaço sagrado.

O LANÇAMENTO DO CÍRCULO   121

branca e fresca vindo do centro da terra e entrando em seu corpo pelas palmas das mãos. Deixe que o seu corpo todo fique repleto dessa luz e se encha de vibrações de paz e tranqüilidade. Usando o seu Livro das Sombras, registre o seu método de ancoragem preferido. Você fará um banquete ritual ou exercício de meditação? Você gostaria de personalizar algumas partes da técnica?

ETAPA NÚMERO DEZ: AGRADECIMENTO À DEUSA E AO DEUS

Neste ponto do processo de lançamento do círculo, você se despede das energias que convidou anteriormente, começando pela Deusa e o Deus. Como a divindade está sempre à nossa volta, para nos guiar e proteger, esta etapa é mais um gesto formal do que uma despedida de fato. Você pode preparar previamente a sua afirmação de fechamento do círculo ou improvisá-la na hora. Agradeça-lhes pela ajuda e por supervisionar o seu ritual, pela presença deles, pelo conforto e pelo amor que transmitiram a você, e também pelas bênçãos diárias que você recebe. As palavras têm poder, por isso fale sempre de modo gentil e respeitoso. Não se pode "dispensar" a divindade.

Os comentários podem ser simples ou complexos; é você que escolhe. Você pode dizer, por exemplo, "siga com amor, você sempre estará no meu coração. Feliz partida e abençoado seja". Se você estiver usando velas para representar as divindades, apague-as enquanto estiver se despedindo. Você também pode fazer uma oferenda de agradecimento constituída de conchas, flores desidratadas, desenhos ou algo que você tenha feito à mão.

Registre no seu Livro das Sombras as suas idéias e comentários sobre essa etapa. A sua despedida será improvisada ou escrita previamente? Neste último caso, anote a mensagem de despedida no seu Livro. Você vai fazer alguma coisa específica (como apagar as velas) ou uma oferenda?

ETAPA NÚMERO ONZE: LIBERE OS ELEMENTOS

A liberação dos elementos é parecida com o agradecimento à Deusa e ao Deus. Lembre-se de ser respeitoso e grato. A sua despedida pode ser escrita de antemão ou improvisada. Os praticantes geralmente trabalham no sentido anti-horário (*widdershins*) para desfazer o círculo, por isso comece no Oeste/água e prossiga em direção ao Sul/fogo, Leste/ar e finalmente Norte/terra. Se você desenhou um pentagrama de invocação na etapa número seis, agora precisa desenhar um pentagrama de banimento para liberar os elementos. Para tanto, faça o movimento oposto, começando a desenhar o pentagrama pela ponta inferior direita. Pratique esse desenho usando papel e lápis para se acostumar com o movimento.

Use o seu Livro das Sombras para registrar as suas opiniões sobre a versão deste livro do lançamento do círculo, em comparação com os comentários que fez durante o lançamento. Se você desenhou um pentagrama de invocação, escreva uma observação para si mesmo, lembrando-o de desenhar o pentagrama de banimento.

ETAPA NÚMERO DOZE: ABRA O CÍRCULO

Para que a área volte ao estado normal, você terá de usar os três métodos apresentados na etapa número cinco (sobre como criar um círculo de energia) para visualizar, realizar uma ação e criar uma afirmação verbalizada.

Fique no centro do círculo e aponte para o céu com a varinha, o athame ou o dedo indicador. Movimente a mão no sentido horário, criando um círculo acima da cabeça. Em seguida entoe um encantamento de conclusão, apontando para o chão com o dedo ou com um dos instrumentos. Visualize o círculo como uma névoa se dissipando dentro da terra. Você também pode, se quiser, caminhar em torno do círculo, armazenando a energia no seu instrumento, para que ela seja usada em trabalhos futuros.

Anote as suas idéias para a abertura do círculo no seu Livro das Sombras. Inclua o encantamento e o modo como você gostaria de dispersar a energia: dentro da terra ou no seu instrumento ritual.

SETE

Os Sabás

Os Sabás wiccanos se compõem de oito datas sagradas que, juntas, formam a Roda do Ano. Os Sabás atualmente celebram a mudança das estações e os festivais celtas. Os dois solstícios e os dois equinócios dividem o ano em quatro estações: inverno, primavera, verão e outono. Os festivais celtas – Imbolc, Beltane, Lughnasadh e Samhain – são celebrados em datas fixas, no intervalo entre essas transições sazonais.

Os wiccanos celebram a Roda do Ano para se ligar com a natureza e os seus ciclos, mas também para conhecer a história mítica da Deusa e do Deus. Cada Sabá contém uma pequena parte dessa história e reflete o tema do nascimento, da vida, da morte ou da regeneração. O simbolismo faz parte de todos os festivais: tudo o que acontece ao sol, em suas transições naturais, afeta a jornada do Deus.

A Roda Wiccana do Ano no Hemisfério Norte[1]

Yule (Solstício de inverno): por volta de 21 de dezembro
Imbolc: 2 de fevereiro
Ostara (Equinócio vernal): por volta de 21 de março
Beltane: 30 de abril
Litha (Solstício de verão): por volta de 21 de junho
Lughnasadh: 1º de agosto
Mabon (Equinócio de outono): por volta de 21 de setembro
Samhain: 31 de outubro

As datas dos solstícios e dos equinócios variam de um ano para outro. Por exemplo, o solstício de inverno (Yule) pode ocorrer entre 20 e 23 de dezembro. É uma boa idéia verificar o calendário antes de planejar qualquer ritual.[2]

Os Sabás são ocasiões festivas que marcam passagens específicas vividas pela Deusa e pelo Deus vivo. Cada uma delas é a celebração de um aspecto da jornada da vida — vida, morte e renascimento. A celebração desses acontecimentos em companhia de outras pessoas é uma coisa muito bonita e divertida. Eu geralmente celebro os Sabás com amigos próximos ou com um grupo um pouco maior.

— GEDE, 15 ANOS, QUEENSLAND, AUSTRÁLIA

Eu sou fascinado pelo poder que existe durante os equinócios. Nesses dias, luz e sombra estão em equilíbrio, o que também ajuda a trazer equilíbrio para o meu próprio espírito.

— PYTHO, 14 ANOS, MILÃO, ITÁLIA

---

[1] No Hemisfério Sul os festivais wiccanos caem nas seguintes datas:
Yule (Solstício de verão): por volta de 21 de dezembro
Imbolc: 2 de fevereiro
Ostara (Equinócio de outono): por volta de 21 de março
Beltane: 30 de abril
Litha (Solstício de inverno): por volta de 21 de junho
Lughnasadh: 1º de agosto
Mabon (Equinócio vernal): por volta de 21 de setembro
Samhain: 31 de outubro

[2] Você também encontra todas essas informações sobre os festivais wiccanos no Almanaque Wicca, publicado pela Editora Pensamento.

OS SABÁS   125

Embora muitos wiccanos considerem Samhain ou Yule como o início da Roda do Ano, ela é, na verdade, um ciclo contínuo; você pode começar a sua jornada a qualquer momento. Alguns praticantes celebram juntos, à maneira de um coven, e outros vêem mais sentido no trabalho solitário. A celebração de um Sabá pode ser algo informal – meditar e refletir sobre a data – ou algo um pouco mais complexo, como recitar um poema à luz de velas, dentro de um espaço sagrado.

Neste capítulo, você vai encontrar descrições de Sabás, correspondências e conceitos de rituais. Use essas informações como base para criar os seus próprios rituais. Lançar um círculo é a melhor opção, mas a decisão é sua. Sinta-se à vontade também para complementar as minhas sugestões. Por exemplo, você notará que apresento uma lista de cores associadas a cada data. Use-as na hora de escolher as velas, as toalhas do altar, as fitas ou outras decorações do altar. Lembre-se de registrar todos os rituais no seu Livro das Sombras, para referências futuras.

Eu prefiro rituais simples em que eu agradeço pela estação e às vezes ofereço flores, dependendo da época do ano.
— CHIRON NIGHTWOLF, 16 ANOS, GEÓRGIA, EUA

Depois de lançar o meu círculo, eu invoco um certo aspecto da Deusa e/ou do Deus. Eu descubro livros sobre os mitos relativos ao Sabá e os leio. Procuro meditar sobre o que eu li e relaciono essa informação com o Sabá. Depois vem a minha parte favorita: eu escrevo um poema sobre o Sabá e dedico-o à Deusa ou ao Deus. Depois agradeço às divindades, desfaço o círculo, coloco data no poema e guardo-o numa seção especial do meu Livro das Sombras.
— LYNX SONG, 15 ANOS, LOUISIANA, EUA

Yule

No hemisfério Norte, o Solstício de Inverno cai por volta de 21 de dezembro, quando o sol está no grau um de Capricórnio. O Solstício de Inverno, que é a noite mais longa do ano, marca o nascimento do Deus, do ventre da Deusa.

Alimentos e bebidas: Gemada, chá com especiarias, pão com gengibre, bolo de frutas, biscoitos doces, uvas, frutas secas e nozes.

Ervas e flores: Folhas de pinheiro, pinhas, azevinho, visgo, junípero, hera, cedro, louro, cravo-da-índia, alecrim, noz-moscada, canela, gengibre, valeriana, mirra.

Cores: Vermelho, verde, branco.

Conceitos do Sabá de Yule

- Escreva um poema ou encantamento para marcar o Sabá. Recite-o durante o ritual de Yule, num espaço sagrado.
- Decore a árvore de Natal/Yule da família com enfeites feitos à mão ou uma guirlanda feita de frutinhas e pipoca.
- Leis histórias clássicas da época de Yule para seus irmãos ou primos.
- Recite uma bênção em favor das refeições dessa época, enquanto bate um bolo da prosperidade.
- Acenda uma vela, coloque-a num castiçal e caminhe em volta do espaço sagrado (no sentido horário), para simbolizar o giro da roda do ano.
- Faça uma coroa em miniatura, com fitas, galhos e colares de contas douradas, e deixe-a sobre o altar. O material para fazer a coroa você pode comprar numa loja de artesanato do seu bairro.
- Mande cartões para membros da família que moram em lugares distantes e que não podem celebrar essa época de festas com você.
- Faça desenhos do sol e deixe-os sobre o altar, depois de abençoá-los.

Ornamentos para o altar: Uma flor de bico-de-papagaio, visgo, azevinho, pinhas, sinos, doces natalinos, imagens solares.

Trabalhos mais elaborados: Uma casa feita de pão de mel. Use também bolachas integrais, glacê branco e balas de goma.

Yule é uma época especial que me ajuda a aguardar com expectativa o renascimento do Senhor e da Terra, e também é muito perto do meu aniversário.

— ARIAWN, 19 ANOS, OHIO, EUA

⚔ Do Livro das Sombras de Gwinevere
23 de dezembro de 1999 — 15 anos
Ontem, eu e a minha mãe celebramos Yule. Acendemos uma fogueira, queimamos papéis velhos para começar o ano livres do passado e derretemos marshmallows no fogo. Não foi uma celebração Wicca tradicional, mas virou algo especial.

Imbolc

Esse festival, celebrado no dia 2 de fevereiro, é conhecido como a época em que a deusa se recupera do nascimento do Deus e a terra está se renovando depois do longo sono de inverno. Essa é uma época de purificação e inspiração. Imbolc também é conhecido como Oimelc, Brigid ou Candlemas.

Alimentos e bebidas: Mel, passas, pratos condimentados, sopas quentes, leite, queijo e outros laticínios.

Ervas e flores: Folhas de pinheiro, pinhas, azevinho, junípero, hera, salgueiro, sorveira-brava, menta, alecrim, endro.

Cores: Prata, branco, verde-escuro.

Conceitos do Sabá de Imbolc

- Escreva um poema ou encantamento em homenagem a esse Sabá. Recite-o durante o ritual de Imbolc, num espaço sagrado.
- Coloque uma vela branca dentro de uma vasilha ou caldeirão cheio de terra. Acenda o pavio e recite uma prece para a Deusa, que se recupera.
- Espalhe sobre o altar pétalas de flores brancas num padrão circular, enquanto visualiza a Roda do Ano girando.
- Ajude a expulsar o inverno derretendo gelo numa vasilha ou queimando flocos de gelo de papel.

Ornamentos para o altar: Sempre-vivas, quartzo transparente, flores brancas, velas brancas, flocos de neve simbólicos, uma jarra de leite.

Trabalhos mais elaborados: Faça uma boneca de milho, moldando palhas de milho num formato feminino, para simbolizar a Deusa.

Ostara

No hemisfério Norte, o Equinócio Vernal, ou de Primavera, cai por volta de 21 de março e ocorre quando o sol está no grau um de Áries. No primeiro dia de primavera, o dia e a noite têm o mesmo número de horas, o Deus se aproxima da maturidade e a fertilidade está presente, com novas flores e mais vida selvagem. Ostara também é chamado de Oestara.

Alimentos e bebidas: Ovos, mel, biscoitos, pãezinhos doces, bolinhos, sementes de girassol, salada de folhas.

Ervas e flores: Corniso, narciso, madressilva, aspérula, violeta, peônia, íris, croco, jasmim, prímula, musgo-da-irlanda, gengibre.

Cores: tons pastéis de rosa, amarelo, verde e azul.

Conceitos do Sabá de Ostara

- Escreva um poema ou encantamento para marcar o Sabá. Recite-o durante o ritual de Ostara, num espaço sagrado.

- Ovos cozidos com casca colorida. O verde representa crescimento/dinheiro; o rosa, amor; o púrpura, desenvolvimento parapsíquico; o amarelo, amizade e alegria. Quando a pintura dos ovos secar, guarde-os na geladeira até o ritual. No espaço sagrado, abençoe os ovos com a sua intenção mágica. Ao comê-los, visualize o resultado que você deseja.
- Faça uma caminhada em meio à natureza e faça uma prece de agradecimento pelas muitas bênçãos que recebeu.
- Recorde-se da simbologia das flores e das suas propriedades mágicas.
- Acrescente sementes comestíveis como girassol ou gergelim ao seu ritual. Cada vez que você comer uma, convide a primavera a trazer mudanças para a sua vida.
- Dê ovos de chocolate de presente para a sua família e para os amigos.
- Plante flores e ervas enquanto entoa um encantamento mágico em prol do crescimento e da abundância.

Ornamentos para o altar: Representações (estátuas, quadros) da vida que renasce na primavera: pintinhos, coelhinhos, filhotes de passarinho e de outros animais. Flores cor pastel, penas brancas, feixes de grama recém-cortada, doces de Páscoa como Colombas pascais e coelhinhos de *marshmallow*. Alimentos que simbolizam a fertilidade, como ovos, nozes ou sementes.

Trabalhos mais elaborados: Jardineiras e vasos de plantas. Deixe-os no seu quarto ou no peitoral das janelas.

> ✧ Do Livro das Sombras de Gwinevere
> *20 de março de 2002 — 17 anos*
> Ostara é o tipo de Sabá que faz com que eu me sinta criança outra vez. Em todo lugar em que eu vou nessa época do ano, vejo decorações em tons pastéis e imagens de coelhinhos sorridentes. Penso que sou pequena durante a Páscoa, quando procuro ovos de plástico recheados de chocolates e caramelos e depois me sento no sofá com embalagens de doces por todos os lados. Essa também é uma das únicas épocas do ano na qual as pessoas realmente param para pensar no ciclo da natureza, nesse momento de renascimento em que a terra desperta.

Beltane

Celebrado no dia 30 de abril, esse Sabá exprime o nível de fertilidade da Deusa, enquanto o Deus chega na idade adulta. A união simbólica entre essas duas divindades (casamento e procriação) acaba na concepção, gera uma nova vida, promove o crescimento e dá continuidade ao ciclo da Roda da Vida. Beltane também é conhecido como Dia de Maio e também é chamado de Beltaine.

Alimentos e bebidas: Cerejas, morangos, queijos, leite, sorvete de baunilha e biscoitos de aveia.

Ervas e flores: Pilriteiro, madressilva, aspérula, prímula, rosa, bétula, alecrim, lilás.

Cores: Verde, azul, rosa velho, violeta.

OS SABÁS 131

CONCEITOS DO SABÁ DE BELTANE

- Escreva um poema ou encantamento em homenagem ao Sabá. Recite-o durante o ritual de Beltane, num espaço sagrado.
- Colha flores frescas e faça um buquê de noiva.
- Amarre duas alianças com uma fita branca para simbolizar o casamento da Deusa e do Deus.
- Entrelace fitas de cores vivas para representar uma miniatura de Mastro de Maio.
- Mergulhe o athame no cálice para simbolizar o "grande rito", a união do Deus e da Deusa.
- Incorpore ao ritual trabalhos artísticos e dedique-os ao Senhor e à Senhora.

Ornamentos para o altar: Imagens de borboletas (que representam a transformação), flores frescas perfumadas, fitas coloridas, símbolos de união.

Trabalhos mais elaborados: Faça uma coroa de flores e fitas e a use no ritual de Beltane.

Eu realmente gosto de Beltane porque ele celebra a vida, a terra e a união da Deusa e do Deus. Em Beltane, a terra floresce e o amor do Deus e da Deusa é evidente em todas as formas de vida.

— ANUBIS RAINHAWK, 15 ANOS, CALIFÓRNIA, EUA

Beltane é o meu Sabá favorito por causa da vibração da estação e, se você respira fundo bem devagar assim que sai ao ar livre, pode sentir o aroma do amor, da fertilidade e da doçura no ar. Isso faz com que eu me sinta simplesmente grata por estar viva.

— ARIAWN, 19 ANOS, OHIO, EUA

Litha

No hemisfério Norte, o Solstício de Verão cai por volta de 21 de junho, quando o sol está no grau um de Câncer. Litha é celebrado no dia mais longo do ano e é uma época de intensa energia mágica. O Deus está no seu apogeu e seu símbolo, o sol, está no seu auge. A Deusa (Mãe Terra) está grávida do Deus e da generosidade da natureza. Litha também é conhecido como Meio do Verão.

Alimentos e bebidas: Limonada, pêssegos, damascos, laranjas, grapefruits, frutas silvestres, melão, pratos quentes e condimentados.

Ervas e flores: Girassol, camomila, gengibre, rosa, lilás, margaridas, cravos, hera, sabugueiro, olíbano, sândalo, artemísia, milefólio, verbena, menta, erva-doce, tomilho.

Cores: Dourado, amarelo-vivo, laranja-vivo, rosa-vivo.

CONCEITOS DO SABÁ DE LITHA

- Escreva um poema ou encantamento para marcar o Sabá. Recite-o durante o ritual de Litha, num espaço sagrado.
- Carregue e acenda uma vela de cor laranja ou amarela. Abane a chama para longe de você, para expulsar as influências negativas, e depois abane-a na sua direção, para purificação. Esse gesto simboliza a tradição de saltar as fogueiras rituais.
- Use um espelho para captar a luz do sol ou a chama de uma vela.
- Acenda velas flutuantes no formato de flor numa vasilha ou caldeirão cheio de água.
- Colha e desidrate ervas para fazer um estoque para o outono e o inverno.
- Lance feitiços de amor, saúde, prosperidade e proteção. Litha é o apogeu da energia mágica.

Ornamentos para o altar. Oferendas para as fadas, amuletos ou talismãs, símbolos solares, espelho, fitas ou contas douradas, flores de cor laranja, como cravos-de-defunto.

Trabalhos mais elaborados. Faça uma roda do sol: pegue dois galhos de árvores caídos do mesmo tamanho, cruze-os, formando a letra T, e amarre-os. Decore-os com tinta laranja e amarela e fitas e/ou contas. A roda do sol representa os dois solstícios e os dois equinócios e é um belo ornamento para o altar. Abençoe a roda do sol num espaço sagrado e use-o no seu ritual.

Todos os Sabás são maravilhosos, pois são todos diferentes. Eles têm as suas próprias características e me ajudam a entrar em sintonia com as estações e com o ciclo do ano. Os Sabás de verão são legais, porque o tempo está quente e eu posso praticar ao ar livre e colher hortaliças e frutos frescos.

— LUNA, 16 ANOS, FINLÂNDIA

Lughnasadh

Celebrado no dia 1º de agosto, esse Sabá marca o início da colheita. À medida que o outono se aproxima e o dia começa a ficar mais curto, o Deus começa a perder a sua força. A Deusa percebe que Ele está sucumbindo, mas ele também está vivo dentro do seu útero. Lughnasadh também é conhecido como Lammas.

Alimentos e bebidas: Pão de milho, pão de centeio, uvas, frutos silvestres, pêssegos, damascos, biscoitos de aveia, *pretzels*, bolachas integrais, suco de frutas vermelhas.

Ervas e flores: Grãos, urze, bolotas de carvalho, flores de acácia, mirtilo, girassol, papoulas, sândalo, camomila, sálvia, gengibre, galanga.

Cores: amarelo-milho, dourado, laranja, vermelho.

CONCEITOS DO SABÁ DE LUGHNASADH

- Escreva um poema ou encantamento em homenagem ao Sabá. Recite-o durante o ritual de Lughnasadh, num espaço sagrado.

- Durante o ritual, enterre um caroço de damasco ou de pêssego numa vasilha cheia de terra para representar simbolicamente a aproximação do Deus do mundo subterrâneo.
- Faça uma caminhada à tarde para ver o pôr-do-sol, enquanto você reflete sobre o verão que passou.
- Encha uma concha grande com aveia para representar a primeira colheita.
- Coloque um girassol sem cabo num prato branco simples e espalhe em volta dele grãos de milho (multicoloridos). Use esse arranjo durante o ritual como um símbolo de energia e alegria.

Ornamentos para o altar: Aveia, girassóis, milho, grãos, milho de pipoca, sachês de ervas aromáticas, velas de cor laranja.

Trabalhos mais elaborados: Faça pão fresco. Enquanto faz e sova a massa, irradie energia positiva e profira uma bênção mágica.

✡ Do Livro das Sombras de Gwinevere
1º de agosto de 2001 – 16 anos

Lughnasadh é um dos meus festivais favoritos, porque é uma época excelente para fazermos uma reflexão. Faltam poucos dias para o meu aniversário e as tardes de verão são quentes, mas tranqüilas. No entanto, eu sei que o outono logo vai chegar e cobrir o quintal de folhas secas. Não se pode esquecer, é claro, que Lughnasadh é a época dos melhores morangos e pêssegos do ano.

Mabon

No hemisfério Norte, o Equinócio de Outono cai por volta de 21 de setembro, quando o sol está no grau um de Libra. Nesse primeiro dia de outono, o dia e a noite têm a mesma duração e a segunda colheita é comemorada, enquanto a terra se prepara para o frio que se aproxima. O Deus está mais perto do véu que cobre o mundo subterrâneo e a Deusa começa a lamentar a sua perda. Mabon também é conhecido como Lar da Colheita.

Alimentos e bebidas: Pão de milho, nozes, uvas, uva-do-monte, framboesas, pêras, maçãs, vegetais (milho, cenouras, batatas, feijões, cebolas), suco de fruta ou cidra, torta de maçãs.

Ervas e flores: Bolotas de carvalho, pinhas, urze, rosa-mosqueta, milefólio, canela, sálvia, anis, patchouli, pilriteiro, avelã, azevinho, cedro.

Cores: Marrom, laranja queimado, castanho.

Conceitos do Sabá de Mabon

* Escreva um poema ou encantamento para marcar o Sabá. Recite-o durante o ritual de Mabon, num espaço sagrado.
* Colha e espalhe folhas de outono sobre o altar para indicar o primeiro dia do outono.
* Faça maçãs do amor e irradie energia positiva nelas. Dê as maçãs às pessoas de que você gosta e experimente uma também.
* Entrelace fitas pretas e brancas para marcar o equilíbrio entre o dia e a noite.
* Junte sementes de maçã desidratadas a um sachê aromático de milefólio e patchouli.
* Pegue uma folha de árvore do chão e segure-a entre as palmas das mãos, abençoando-a com energia positiva. Depois solte-a ao vento para agradecer à Mãe Terra.

Ornamentos para o altar: Símbolos de equilíbrio (yin-yang), bolotas de carvalho, miniaturas de abóbora, morangas, cascas de nozes, folhas de outono, velas marrons ou castanhas.

Trabalhos mais elaborados: Faça uma cornucópia. Encha-a com maçãs, peras, nozes e uvas, como um símbolo de prosperidade e de abundância.

Samhain

Celebrado no dia 31 de outubro, esse festival ocorre numa época em que o véu que separa o plano terreno do reino espiritual é mais tênue. O Deus desce aos subterrâneos, mas o Seu espírito vive na Deusa e aguarda o momento de renascer em Yule. Essa noite sagrada marca o Ano Novo

136 CONFISSÕES DE UMA BRUXA TEEN

celta e desempenha um papel importante no ciclo mítico divino de morte e regeneração. Samhain também é conhecido como Dia de Todos os Santos e Halloween.

Alimentos e bebidas: Suco de maçã ou cidra, torta de abóbora, pão de abóbora, melão, moranga, milho, maçãs, peras, romãs, grãos, castanhas.

Ervas e flores: Artemísia, sálvia, pimenta-da-jamaica, gatária, crisântemos, cravo-de-defunto, losna, avelã, cardo, alecrim, tomilho.

Cores: Preto, laranja.

CONCEITOS DO SABÁ DE SAMHAIN

- Escreva um poema ou encantamento em homenagem ao Sabá. Recite-o durante o ritual de Samhain, num espaço sagrado.
- Faça uma imagem solar de papel e enterre-a numa vasilha com terra para representar a morte simbólica do Deus.
- Corte uma maçã ao meio e coma metade, saboreando o seu sabor refrescante. Ofereça a outra metade aos antepassados, deixando-a ao ar livre.
- Num pedaço de papel, escreva tudo de que você se arrepende, as suas mágoas e ressentimentos e o que o faz sofrer. Coloque fogo no papel dentro de um caldeirão à prova de fogo (ou uma lata vazia), para deixar o passado para trás.
- Faça uma prece pelos seus entes queridos que já se foram.
- Varra o local onde fará o ritual com uma vassoura ritual, para banir o passado e abrir espaço para o ano novo.
- Samhain é a época ideal para praticar divinação, para relembrar vidas passadas e para realizar outras atividades parapsíquicas.

Ornamentos para o altar: Miniaturas de abóbora, morangas, maçãs, fotos de entes queridos falecidos (animais de estimação também!), velas pretas ou de cor laranja, folhas de outono.

Trabalhos mais elaborados: Faça uma lanterna de abóbora esculpida. Para isso, basta escavar uma abóbora de tamanho médio (tire as sementes e a polpa), faça cortes na casca, em forma de olhos, nariz e boca. Depois de pronta, coloque uma vela de bolo dentro da abóbora, acenda-a e deixe-a ao ar livre, para espantar os espíritos malignos.

Samhain nos lembra a morte e o misterioso. O véu entre os mundos fica mais fino à medida que o Deus desce ao mundo subterrâneo. É a época de reconhecer os nossos ancestrais, outros reinos e o rumo da nossa vida.

— ANUBIS RAINHAWK, 15 ANOS, CALIFÓRNIA, EUA

OITO

A Lua Cheia

Neste capítulo, vamos tratar da lua cheia e do papel que ela tem na prática wiccana. Por ser a fase mais influente e celebrada da lua, ela é considerada uma época especial para enfocar o aspecto feminino da divindade. Por meio de rituais, nós procuramos estabelecer uma ligação mais profunda com a Deusa e reverenciar suas qualidades luminosas de amor, luz e proteção. Durante essas cerimônias, os praticantes usam a energia pulsante que afeta o corpo humano e as marés como um catalisador para atingir os seus objetivos. A lua cheia é um temido período do mês, dedicado à reverência, à adoração, à magia e ao mistério.

Na noite de lua cheia...

- Os covens costumam realizar um Esbá (reunião). Esses encontros não só propiciam uma certa constância nos trabalhos do coven, mas também aproveitam o poder lunar em seu apogeu.

- As forças parapsíquicas e intuitivas também estão intensificadas. Muitos wiccanos aproveitam a oportunidade para praticar o seu método preferido de divinação.

- Carregue os instrumentos novos, deixando-os sob os raios da lua fortalecidos com uma névoa opala, o toque cintilante da Deusa.

- Lance um feitiço e faça um pedido. Os trabalhos de magia feitos na lua cheia geralmente funcionam. Essa é a fase que propicia melhores resultados.

A LUA CHEIA 139

- As mulheres redespertam o seu poder feminino. Infunda o seu espírito de poder e dance com a Deusa numa celebração.

Quando trabalho na lua cheia, parece que me saio melhor na divinação; a minha consciência parapsíquica triplica e a minha capacidade de manifestar os meus objetivos torna-se mais palpável.
— PYTHO, 14 ANOS, MILÃO, ITÁLIA

Todo mês a luz cheia permite que eu recupere as minhas energias, fique em equilíbrio e encontre paz nos braços da Mãe Deusa. Ela me faz lembrar o que significa ser mulher, uma sacerdotisa.
— ARIAWN, 19 ANOS, OHIO, EUA

O Ciclo Lunar

A energia da lua cheia está presente um dia antes, um dia depois e no dia em que ela é considerada tecnicamente cheia. Esse período mais longo, de setenta e duas horas, vem mesmo a calhar, pois dá ao praticante mais dois dias para praticar o ritual de Lua Cheia. É bom lembrar que o dia posterior à lua cheia já costuma conter um pouco da energia da lua minguante. Se pretende fazer um trabalho de magia nesse dia, você precisa levar esse fator em consideração. Por outro lado, a celebração da lua cheia nesse dia não terá um impacto negativo, pois o ritual raramente exige a mesma cautela que os trabalhos de magia.

Para definir uma data levando em conta o ciclo lunar, convém consultar um calendário ou almanaque. O wiccano com conhecimentos de informática pode obter informações a respeito do movimento lunar em websites de astrologia. Eu recomendo as efemérides da editora Llewellyn, pois, além de precisas e bem pesquisadas, elas trazem muitas informações importantes. Essas efemérides têm a vantagem de proporcionar uma consulta rápida das fases da lua e podem ser usadas diariamente nas notas e apontamentos que você faz no seu Livro das Sombras.

A lua cheia é um período muito especial. Nós procuramos reverenciar a Deusa e agradecê-la pelas suas bênçãos.
— ANUBIS RAINHAWK, 15 ANOS, CALIFÓRNIA, EUA

> ### ✠ Do Livro das Sombras de Gwinevere
> *9 de outubro de 2001 – 17 anos*
> Eu tive um sonho fantástico esta noite. Sonhei que estava numa mansão de estilo vitoriano e que a noite já caíra. Quando eu entrei num vestíbulo, uma luz branca atravessou a janela e iluminou o tapete; então eu olhei pela janela e vi a lua cheia no céu noturno. Eu fiquei parada nesse manto branco de luz, envolvida dos pés à cabeça, enquanto a lua me sorria lá de cima.

A Ligação com o Poder da Lua

Para complementar a cerimônia e a celebração, os praticantes podem se sintonizar ainda mais com a energia da lua cheia praticando meditação, mantendo um diário, fazendo caminhadas à noite ou fazendo trabalhos artísticos. Ao se ligar com o poder da lua (a energia da Deusa), você capta as Suas vibrações positivas e as aproveita na sua vida diária, passando a viver mais feliz e equilibrado. Nesta seção, eu mostrarei algumas maneiras singelas mas profundas de reverenciar o poder feminino da lua e de entrar em sintonia com ele.

> *De alguma forma, eu consigo sentir uma ligação entre mim e a lua, como se tivesse um fio de prata nos prendendo uma à outra.*
> — Luna, 16 anos, Finlândia

Meditação

Você encontrará a seguir o roteiro de uma meditação orientada para as noites de lua cheia. O objetivo dessa meditação é deixá-lo calmo, centrado e ligado às energias lunares. Se quiser, você pode gravar o roteiro em fita cassete e depois ouvir a fita enquanto medita, ou senão ler o roteiro algumas vezes até decorar as imagens e instruções. Você não precisa memorizar todos os detalhes, mas é importante que inicie o exercício lenta e progressivamente e o termine da mesma maneira.

Encontre um lugar tranqüilo onde você não será perturbado e fique numa posição confortável. Feche os olhos e imagine toda negatividade

A LUA CHEIA   141

deixando o seu corpo e se dissipando no ar. Concentre-se na respiração: inspire pelo nariz e solte o ar pela boca.

Imagine que você está no meio de uma floresta, cercado de árvores, à noite. Quando olha para as mãos, você vê que elas estão iluminadas por uma luz que vem de cima. A lua está redonda e brilhante. Os seus raios se infiltram pela floresta escura e parecem apontar para um caminho de terra à sua frente, que segue em direção ao norte. Protegido pela luz da lua, você segue por esse caminho e vê uma clareira além da floresta. Quando se aproxima dela, ouve um som familiar de ondas quebrando.

A floresta fica para trás e agora você está descalço nas areias de uma praia. A lua está sorrindo no céu sem nuvens, acima de um mar tranqüilo. Você está em comunhão com a terra e com a Deusa. Acalme-se. Abra o seu espírito para as mensagens Dela. Espere. Depois de alguns instantes, vire-se de frente para a floresta, pegue o caminho de terra que segue entre as árvores e se concentre na sua respiração. Inspire pelo nariz e solte o ar pela boca. Abra os olhos lentamente e olhe em volta.

Marcar a lua cheia com um ritual é uma experiência notável que traz muita coisa à tona. É uma hora de introspecção, um período em que o caos e os problemas do mundo lá fora desaparecem momentaneamente e nós podemos olhar livremente para o espelho do céu noturno e realmente ver quem somos.

— GEDE, 15 ANOS, QUEENSLAND, AUSTRÁLIA

MANTER UM DIÁRIO

Sempre achei que reservar alguns minutos para escrever num diário ou no Livro das Sombras é algo que beneficia o espírito, o coração e a mente. Refletir sobre a divindade, em seu aspecto feminino, por meio de um diário também pode ter outro propósito: aumentar a ligação com a Deusa. Já conhecemos o impacto das palavras proferidas em voz alta durante a prática da magia, mas as palavras escritas, transmitindo pensamentos, conceitos e idéias sagradas, também ajudam a fortalecer o nosso poder pessoal.

O costume de anotar as suas experiências espirituais, de expressar os seus desejos mais profundos e de revelar os seus pensamentos de carinho pela Deusa pode abrir a sua alma para o divino. A lua cheia é uma época especialmente boa para essas coisas, pois a energia Dela está mais forte e à nossa disposição.

A lua cheia mexe com algo dentro de mim que, a meu ver, é uma linhagem antiga que atravessa o passado, o presente e o futuro, fundindo os mundos de tal maneira que eu posso sentir o que existiu antes de mim, onde estou agora e o que vem pela frente.

— GEDE, 15 ANOS, QUEENSLAND, AUSTRÁLIA

ADORNOS QUE SIMBOLIZAM A DEUSA

A pedra-da-lua, uma pedra semipreciosa que recebeu esse nome graças à sua natureza iridescente semelhante à da lua, tem uma energia feminina e está ligada ao elemento água. As suas principais associações — proteção, amor e capacidades parapsíquicas também são atribuídas ao seu regente, a lua. Embora a pedra-da-lua seja o símbolo lunar por excelência, existem outras pedras e cristais que são regidos pela lua, entre eles a água-marinha, o berilo, a calcedônia branca, o cristal de quartzo transparente, a madrepérola, a pérola, a safira e a selenita.

A prata, que também é regida pela lua, é muitas vezes usada com pedras de energia feminina em colares, brincos, pulseiras e talismãs. O elemento da prata é a água e as suas propriedades mágicas assemelham-se às da pedra-da-lua. Juntas ou não, a prata e a pedra-da-lua têm uma forte ligação com a lua cheia e podem ser usadas pelos wiccanos, de ambos os sexos, para possibilitar a sintonia com a lua.

✣ Do Livro das Sombras de Gwinevere
25 de abril de 2003 — 19 anos
Quando trabalhei com a pedra-da-lua em meu curso de joalheria, fiquei fascinada por essa pedra! Assombrei-me ao ver que a Mãe Terra podia produzir uma pedra semipreciosa tão original. Segure-a de um jeito e ela parece branca; vire-a um pouco e ela adquire uma tonalidade azul. Eu já vi até pedras que parecem ter uma tonalidade cor-de-rosa. Agora eu entendo por que algumas pessoas têm uma afinidade especial com a pedra-da-lua.

Uma caminhada em noite de lua cheia

No meu livro *Moonbeams & Shooting Stars*, contei uma experiência que eu tive enquanto fazia uma caminhada ao ar livre, à noite. "Olhei para cima e vi a lua lá no céu. Eu me lembro de ter pensado, 'O que a lua tem que me intriga tanto!' Não acho que um dia terei alguma resposta para essa pergunta, mas tenho alguns palpites. Ela é de um branco leitoso e tem uma beleza suave, simplesmente de tirar o fôlego. Ela me segue por onde quer que eu vá, como se me instigasse a seguir na direção certa."

Uma caminhada noturna pelo bairro, caso ele não seja perigoso, pode se tornar uma aventura espiritual. Convide um amigo ou membro da família, pegue uma lanterna e as chaves de casa e siga em frente. Numa noite fresca e tranqüila, olhe para a lua (o símbolo supremo da nossa divindade lunar) e abra o seu espírito para suas vibrações reconfortantes. Repita o encantamento a seguir ou crie na hora suas próprias bênçãos.

Lua que brilha no alto, grande e formosa,
Abençoe-me com os seus raios sedosos,
Nesta noite luminosa.

Sempre que se sentir entediado dentro de casa, faça esse ritual para sair da rotina. Você logo se sentirá revitalizado e cheio de poder!

As celebrações de lua cheia são muito sagradas para mim, pois fica mais fácil se comunicar com a Deusa. Quando eu saio ao ar livre e fico sob a lua cheia, é como se eu pudesse senti-la à minha volta. Sua voz doce fala comigo e eu sei que estou no caminho certo.

— Anubis RainHawk, 15 anos, Califórnia, EUA

Trabalhos artísticos

Perto da época da lua cheia, eu acho que a minha intuição, as minhas faculdades parapsíquicas e a minha criatividade ficam mais aguçadas. Se você também sente que a sua criatividade se intensifica, convém canalizar essa energia para um trabalho artístico. Use essa expressão para fortalecer a sua ligação com a Deusa. Faça desenhos, pinturas e colagens sobre a lua ou escreva uma poesia sobre ela. Você pode até colocar sobre o altar um trabalho artesanal sobre a Deusa, como uma oferenda ou uma representação da divindade. Vire poeta e faça uma obra de arte; a fase da lua cheia é um período magnífico para dar asas à sua criatividade.

144 CONFISSÕES DE UMA BRUXA TEEN

A lua cheia é tempo de colher, sejam idéias, lembranças, obras de arte, sentimentos, é hora de juntar tudo isso. A lua cheia está inteira, madura, pronta para a colheita.

— LYNX SONG, 15 ANOS, LOUISIANA, EUA

"Espírito da Lua"
Gwinevere Rain
15 de agosto de 2004

Sob o manto macio desta noite, eu ouço...
Beijos da luz prateada de fadas e corças
Desejos lunares de esperança radiante flutuam no céu
E o meu espírito lunar adeja — tentando alcançá-los.

Água Sagrada da Lua Cheia

A água sagrada da lua cheia é uma combinação do poder lunar da Deusa, da intenção do praticante, de uma jarra de água e sal. Trata-se de um instrumento de consagração eficaz que tem várias utilidades e traz muitos benefícios. Uma ou duas gotas dessa água pode abençoar novos apetrechos mágicos, carregar objetos mágicos ou ser usada para purificar o praticante antes de um ritual. A água sagrada da lua cheia é algo que você pode fazer em casa, sem gastar muito, e não pode faltar no estoque mágico de nenhum wiccano.

Material
Incenso
Uma jarra de água (ou outro recipiente semelhante)
Três pitadas de sal
Uma folha de papel
Caneta preta

Realize este ritual numa noite de lua cheia. Se quiser, você pode começar lançando um círculo protetor. Coloque os ingredientes sobre o altar, acenda o incenso e encontre uma posição confortável. Coloque a jarra de água na sua frente e deixe o sal por perto.

Comece colocando a mão aberta (com a palma para cima) sobre a água e fechando os olhos. Visualize uma luz ou névoa branca vindo da palma da mão e sendo transmitida para a jarra e para o seu conteúdo em

forma de vibrações positivas. Repita essa visualização enquanto coloca a mão sobre o sal.

Em seguida, pegue a folha de papel e desenhe um pentáculo no centro. Coloque a jarra sobre a imagem do pentáculo e jogue as três pitadas de sal cuidadosamente na água. Por meio da visualização, conjure uma imagem mental da lua cheia. Sinta a energia da Deusa no coração e na mente.

Enquanto movimenta a mão sobre a jarra no sentido horário (como se agitasse o ar), repita o seguinte encantamento:

"Ó, Bela Deusa, Rainha da Noite
peço que envie a sua luz radiante
e abençoe esta jarra
de conteúdo transbordante".

Por fim, eleve as mãos para o céu e diga,
"Assim seja".

A sua água sagrada da lua cheia está pronta. Use-a em purificações externas ou para conferir poder. Deixe-a sobre o altar para usar durante o mês inteiro. Em cada lua cheia, jogue a água fora e faça outra!

Crie um Ritual de Lua Cheia

Quando um praticante quer reverenciar a Deusa durante a lua cheia, ele se volta para a divindade de braços abertos. Esse belo gesto fica ainda mais belo quando feito durante um ritual pessoal e particular. Quando se copia um ritual realizado por outra pessoa, a cerimônia deixa de ter tanta emoção e um toque pessoal. A combinação das suas palavras e métodos num ritual de lua cheia tem mais significado e demonstra uma reverência ainda maior. O conjunto de atividades orientadas que descrevo a seguir ajudarão você a criar um ritual personalizado que pode se tornar uma tradição mensal em homenagem à Deusa lunar.

Foi só recentemente que percebi de fato a energia e a paz que a lua cheia irradia e por isso comecei a celebrar com mais regularidade a ocasião com um ritual.

— GEDE, 15 ANOS, QUEENSLAND, AUSTRÁLIA

CORRESPONDÊNCIAS DA LUA CHEIA

Cores: Branco, prata, azul-claro ou azul-escuro, roxo (para a consciência parapsíquica).

Miscelânea de símbolos: Cálice, caldeirão, objetos de prata, moedas, espelhos, objetos na forma de lua crescente, amuletos da lua, sinos de prata, água sagrada da lua cheia, fitas brancas, prateadas ou azuis, purpurina ou lantejoula.

Cristais/pedras: Água-marinha, berilo, cristal de quartzo transparente, pedra-da-lua, madrepérola, pérola, safira, selenita, calcedônia branca.

Ervas: Babosa, erva-cidreira, cânfora, coco, eucalipto, casca de limão, menta, erva-da-lua, mirra, sândalo, salgueiro, gualtéria.

Flores: Rosas brancas, cravos vermelhos, gardênia, jasmim, lótus, lírio, malva, magnólia, qualquer flor de pétalas brancas.

Óleos: Óleo essencial de limão, óleo de sândalo, aroma de baunilha, óleo essencial de ilangue-ilangue, aroma de jasmim.

A LUA CHEIA 147

Incenso: Jasmim, rosa, coco, lótus, sândalo.

Bebidas: Água, limonada, suco de fruta, leite.

Alimentos: Biscoitos doces, pães e bolos em forma de lua crescente, *marshmallows*, wafers de baunilha, merengue, biscoitos de limão em barra, biscoitos de coco, iogurte de baunilha, mamão papaia, melão.

PREPARATIVOS

Caso você tenha decidido fazer um ritual para celebrar a lua cheia, saiba que existem vários preparativos opcionais que você pode fazer para torná-lo mais eficaz e também para criar uma atmosfera mais propícia. Para incrementar o seu altar, use uma toalha branca de tecido brilhante, disponha os instrumentos de forma diferente ou acrescente ornamentos relacionados à lua (veja a lista de correspondências anterior para ter sugestões e idéias).

Preste especial atenção às roupas e acessórios que você usará no ritual. Pense na possibilidade de usar uma túnica esvoaçante, uma capa ou uma roupa condizente com o tema celestial da noite. Jóias lunares, símbolos lunares, pedras-da-lua ou prata de lei são opções que você pode usar para se ligar com as vibrações da lua. Ou então selecione alimentos que correspondam à ocasião e faça um banquete ritual (de ancoragem) após a celebração.

Anote no seu Livro das Sombras todos os detalhes sobre os preparativos que você pretende fazer.

INVOCAÇÕES

As invocações das divindades nos rituais de lua cheia precisam refletir esse acontecimento. Por tradição, o ponto central dessa celebração é a Deusa em sua fase "Mãe", período em que ela irradia amor, compaixão e esperança. O ideal é que os praticantes invoquem a Deusa por meio do seu aspecto lunar.

Além do seu pedido para que ela se apresente no espaço sagrado, você terá de conjurar uma imagem mental apropriada. Como você gostaria de visualizar a Deusa lua? Como uma mulher vestindo uma roupa branca de seda e com flores na cabeça? Ou como uma lua cheia sorrindo num céu sem nuvens e irradiando seus raios de luz em borbotões? Talvez você já tenha uma imagem especial em mente.

148 CONFISSÕES DE UMA BRUXA TEEN

Durante esse período, o Deus também é invocado e convidado a se apresentar no espaço sagrado. Use o relacionamento que ele tem com a Deusa para imaginar a sua participação nesse ritual. Ele é o amante e consorte dela, senhor das estrelas brilhantes. Use o seu Livro das Sombras para anotar as suas invocações e definir a sua imagem de Deusa lunar. Se você está com pressa ou não está com muita inspiração, escolha uma invocação do Capítulo Três.

ENFOQUE DO RITUAL

O período que sucede à invocação das divindades é perfeito para você fazer a sua água sagrada da lua cheia. A mistura pode ser usada depois para unção (massagear os pulsos e o terceiro olho) ou para consagrar instrumentos especiais usados durante a cerimônia principal.

O ritual principal é feito de modo semelhante ao trabalho de magia. Declare a sua intenção, faça um gesto físico e conjure uma imagem mental. Na maioria dos rituais de lua cheia o praticante escreve um poema à mão livre e o lê dentro do espaço sagrado. Esse poema não precisa ser perfeito, mas tem de vir do coração. Releia o meu poema para ter um exemplo ou consulte as fontes a seguir, para se orientar:

Wicca: A Guide for the Solitary Practitioner, Scott Cunningham (pp. 124-126)
The Sacred Round: A Witch's Guide to Magical Practice, Elen Hawke (pp. 97-100)
The Witch's Master Grimoire, Lady Sabrina (pp. 68-69)

O seu poema sobre a lua pode ser curto ou longo; o importante é que ele reflita o propósito principal: reverenciar a Deusa. Você também pode fazer gestos físicos antes, durante ou depois da leitura do poema. Talvez queira tocar um instrumento (como um tambor ritual), dançar, acender uma vela consagrada com a água sagrada da lua cheia ou espalhar pétalas de flores sobre o altar. A visualização é feita durante o ritual. Muitos optam por visualizar uma névoa branca, a imagem da Deusa ou uma foto da lua cheia passando entre nuvens translúcidas do céu noturno.

Escreva no seu diário se e quando você pretende fazer a água sagrada da lua cheia e as idéias que você tem sobre os gestos e visualizações do ritual. Copie ali também o poema da lua cheia que você mesmo escreveu.

Poema ritual da lua cheia
Gwinevere Rain

Com o assobio do vento, sussurram as folhas
Sob a luz mística
De um branco leitoso
Delícia noturna
La luna, a lua
Deusa de mil nomes
Você que beija as nuvens da noite
E sussurra segredos para as estrelas
Mostre-me os seus mistérios
Luz prateada
Brilho cintilante da noite
Abençoe-me
Desperte-me
Oh, la luna, a mulher na lua
Cujo amor é leal e verdadeiro
Poeira lunar, almíscar de baunilha
Embale a minha alma nos seus braços quentes e brilhantes
Eu irei para o jardim enluarado
Onde crescem rosas prateadas

Desperte o seu coração canta o corvo
Pedra-da-lua, velas de luz bruxuleante
Música, dança e cânticos
Eu cantarei para você, ó senhora leal e verdadeira
Amor estelar, cânticos da pomba branca
La luna, la luna
Desperte-me, abençoe-me
Mostre-me, conduza-me
Noite escura e verdadeira, luz brilhante
Com o assobio do vento
Sussurram as folhas
Sob a sua luz mística
Desperte a minha alma
La luna, la luna
A coruja da noite pia
Lua cheia no céu escuro
E que assim seja
Eu peço a você, lua tão cheia,
Desperte a minha alma e me abençoe até
Que a luz das velas se extinga, juntos com os hinos
E todos os sonos.

DEPOIS DO RITUAL

Depois que tiver concluído o ritual de lua cheia, você poderá fazer trabalhos de magia, utilizar o seu método de divinação preferido ou refletir sobre o significado desse dia praticando uma meditação orientada. Essa também é uma boa hora para escrever no seu Livro das Sombras e descrever em detalhes a sua experiência com relação à lua cheia. Alguns wiccanos preferem dar continuidade à celebração e fazer um banquete ritual. Seja o que for que você decida fazer com o seu tempo, não se esqueça de se divertir e usufruir o poder da noite.

NOVE

Feitiços de Gwinevere

Embora eu pratique magia, não crio nada de sobrenatural. Isso não me impediu, no entanto, de viver momentos misteriosos de pura magia. Muitas vezes, depois que apago as velas e o incenso e fico sentada diante do altar na escuridão, o cheiro da fumaça permanece e eu me sinto envolvida num silêncio harmonioso. O meu objetivo ainda está muito claro para mim e eu sinto uma certeza profunda de que cumpri minha tarefa. Eu afirmo que, com otimismo e perseverança, o meu desejo se concretizará. Esse tipo de experiência é a essência subjacente da magia; algo que só se pode sentir e aprender por experiência própria.

Neste capítulo, você vai conhecer os feitiços que eu mesma faço para acabar com mexericos, atrair o amor, facilitar os estudos e muito mais! Antes que você saia por aí fazendo magia precipitadamente, eu aconselho que trabalhe num espaço sagrado (consulte o Capítulo Seis para entender por que isso é tão importante). Para saber qual é a melhor ocasião para lançar os seus feitiços, leia a página 167. Por fim, não subestime a sua criatividade. Você é totalmente capaz de escrever feitiços originais; consulte o Capítulo Dez para saber mais detalhes.

Embora existam regras na prática da magia, os wiccanos têm liberdade para provocar mudanças de muitas maneiras. Contanto que respeitemos a Rede Wiccana, podemos lançar uma grande variedade de feitiços.
— ANUBIS RAINHAWK, 15 ANOS, CALIFÓRNIA, EUA

Escrever os meus próprios feitiços faz com que eu me familiarize mais com a magia. Desse modo eu também posso atender às minhas necessidades específicas.

— Lynx Song, 15 anos, Louisiana, EUA

❧ Do Livro das Sombras de Gwinevere
14 de junho de 1999 — 14 anos
Lancei o meu primeiro feitiço esta noite. Eu estava tão nervosa que o meu corpo tremia. Levei cinco minutos para evocar os quadrantes. Como ainda não tenho uma varinha, usei o meu lápis de olho, que peguei às pressas de cima do criado-mudo. Senti um fluxo de adrenalina; a magia de repente deixou de ser uma coisa sobre a qual eu simplesmente leio e passou a ser algo que eu posso fazer.

Para Acabar com Mexericos

Este feitiço ajudará você a dar um basta nos mexericos. Pode não ser suficiente para acabar com todas as fofocas, mas é um excelente começo. Se a pessoa mexeriqueira é do sexo masculino, troque o pronome feminino pelo masculino, durante o encantamento. Do mesmo modo, se você acha que muitas pessoas são responsáveis pelo mexerico, use os pronomes no plural.

Material
Uma folha de papel creme
Uma caneta preta
Tesoura
A figura de uma boca masculina ou feminina recortada de uma revista
Fita preta com dois metros de comprimento

Junte todos os ingredientes e deixe-os na sua frente. Para poupar tempo, deixe o recorte de revista e a fita preta prontos para uso. Diminua a iluminação do ambiente ou use velas. Concentre-se no seu objetivo.
Escreva o encantamento a seguir no papel creme:

"Deusa anciã, Terrena sábia e sagaz
ajude-me na tarefa de acabar com todas as fofocas e mentiras

*sobre este papel eu escrevo o nome do responsável
e disperso as palavras que ferem e envergonham
eu desejo que a paz invada este dia sombrio
e logo saberei que essa pessoa colherá o que plantou ".*

Escreva a seguir, em letras grandes, o nome do suspeito de provocar as fofocas. Se você ainda não suspeita de ninguém em particular, escreva simplesmente "quem está espalhando fofocas sobre mim", no lugar do nome da pessoa. Leia o encantamento em voz alta e depois coloque a figura da boca na parte de cima da folha de papel. Visualize você mesmo feliz e livre de todos os mexericos. Procure se concentrar na imagem da sua própria vida transcorrendo muito bem, em vez de pensar na pessoa fofoqueira sofrendo as conseqüências dos seus atos.

Em seguida, dobre o papel no meio, tomando cuidado para a figura não cair. Enrole o papel como se fosse um pergaminho e amarre-o com a fita preta. Depois de amarrado o papel, o feitiço está concluído. Guarde-o num lugar em que você não possa vê-lo, como embaixo da cama ou do criado-mudo.

Águas da Cura

Este é um feitiço de cura com vários propósitos, que você pode usar em seu próprio benefício ou em benefício de alguém que você ama. Ele envia vibrações positivas de cura para a pessoa, sem ter, no entanto, o objetivo de curá-la. Se possível, deixe a fotografia da pessoa num lugar visível durante o feitiço ou use uma visualização poderosa para conjurar uma imagem mental dela.

Material
Acesso à pia da cozinha ou do banheiro
Velas para ter uma fonte de luz extra
Um copo com água
Óleo de bergamota ou de eucalipto
Uma foto da pessoa que precisa da cura

Crie uma atmosfera propícia para o seu feitiço, diminuindo a iluminação do ambiente e acendendo várias velas em torno da pia para iluminar o local. Encha um copo alto com água e misture três gotas de óleo de bergamota ou de eucalipto. Coloque as palmas das mãos sobre o copo e visualize uma névoa terapêutica branca (ou azul). Imagine essa energia positiva envolvendo o copo e ficando impregnada na água. Cuidadosamente, vá despejando a água na pia enquanto repete o seguinte encantamento:

"Ó, Senhor e Senhora
cujo amor é divino e puro
eu invoco o seu poder majestoso
pois a cura é necessária neste dia de aflição
cure agora o corpo de ___, eliminando a dor
e fazendo a doença descer por este ralo agora".

Durante alguns minutos, medite sobre a imagem da pessoa para quem você está buscando ajuda. Depois apague as velas, limpe o local e registre a experiência no seu Livro das Sombras.

Pó da Prosperidade

Este pó pode ser espalhado na bolsa, na carteira ou sobre imagens de objetos que você gostaria de ter. Ele também pode ser esfregado nas velas do feitiço ou usado em bonecos mágicos, amuletos ou em volta do seu quarto, para atrair energia de prosperidade para a sua vida!

Material
Uma vasilha para misturar os ingredientes
Uma colher de sopa de gengibre
Uma colher de chá de menta desidratada
½ xícara de maisena
Um saquinho ou frasco limpo

Numa vasilha, coloque o gengibre, a menta e a maisena. Misture tudo enquanto visualiza o seu objetivo de ter mais prosperidade, viver com mais conforto e comprar as coisas que você gostaria de ter. Acima de tudo, imagine você mesmo feliz e satisfeito com a sua situação financeira. A sua visualização pode ser tão detalhada quanto você quiser.
Repita o encantamento a seguir enquanto continua a mexer:

"Dinheiro, riqueza, fluam para mim, eu incentivo,
para me dar tudo de que preciso
por um método justo

FEITIÇOS DE GWINEVERE 155

pela magia do bem
pois não é minha intenção prejudicar ninguém
universo, traga prosperidade para a minha vida
tesouros valiosos, chegada sem partida!"

Em seguida, coloque as mãos sobre a vasilha, com as palmas voltadas para baixo, e irradie energia positiva na mistura. Mentalize uma luz branca saindo da terra, subindo através do seu corpo e exteriorizando-se pelas suas mãos, até envolver a mistura dentro da vasilha.

Depois que tiver acabado de mexer e carregar a vasilha com o seu poder, guarde o conteúdo dela num saquinho ou frasco limpo. Acrescente um adesivo na embalagem, com informações sobre o conteúdo, a fase da lua e a data. Use esse pó sempre que precisar de vibrações de prosperidade. Repita o encantamento acima enquanto espalha o pó sobre um objeto ou lugar.

Feitiço para Facilitar os Estudos

Use este feitiço para aumentar a sua concentração quando estiver estudando.

Material
Uma vela amarela num castiçal
Suco de limão ou óleo aromático de limão
½ colher de sopa de pó de café
Três pitadas de alecrim desidratado

Segure a vela amarela entre as palmas das mãos e visualize uma luz branca positiva. Unte a vela com o suco de limão, role-a pelo pó de café e coloque-a no castiçal. Espalhe o alecrim em volta da vela, no sentido horário, enquanto diz:

"Janelas da mente se abram e se expandam".

Acenda a vela e medite durante alguns instantes sobre o seu objetivo. Não fique imaginando a nota que quer tirar na prova; em vez disso, pense que você quer aumentar a sua clareza mental e a sua concentração durante o período dos estudos. Em seguida, repita este cântico três vezes em voz alta, com os olhos fixos na vela:

*"Busque e conceda
que a memória cresça
aroma de limão, odor de café
Na luz, eu coloco a minha fé".*

Quando você estiver pronto, apague a vela da maneira que achar melhor.

Sempre que for estudar, deixe a vela por perto, acesa. Certifique-se, no entanto, de deixar a chama longe dos papéis e dos livros, para que não corram o risco de pegar fogo. Enquanto a vela estiver acesa perto de você, a magia continuará a ajudá-lo a alcançar o seu objetivo.

Feitiço para Dormir Bem

Para ter uma boa noite de sono. Faça esse feitiço se tiver um compromisso importante pela manhã e quiser acordar muito bem-disposto. Ele também é a solução perfeita para acabar com pesadelos, caso você não esteja na lua minguante.

Material
Um saquinho de musselina
Partes iguais de camomila e alecrim

FEITIÇOS DE GWINEVERE 157

Coloque as duas ervas no saquinho de musselina. Visualize você mesmo caminhando na manhã seguinte sentindo-se superbem! Repita o encantamento a seguir três vezes, enquanto continua a visualizar o seu desejo:

"Esta noite
eu lanço um feitiço
para impedir pesadelos onde eu deixar
uma pitada de camomila
um punhadinho de alecrim também
para que na manhã do dia seguinte
eu acorde me sentindo muito bem!"

Feche o saquinho de modo que ele não se abra e inspire o aroma fresco das ervas. Deixe o saquinho perto da cama e inspire o seu aroma toda noite, antes de dormir. Renove as ervas e o feitiço a cada três meses.

Feitiço Simples de Proteção

Você não vai andar por aí com um raminho de arruda atrás da orelha, portanto, eis um feitiço rápido e simples para qualquer adolescente que precise de um pouco de proteção e conforto.

Material
Uma folha de papel em branco sem pauta
Uma caneta preta
Uma colher de sopa de sal
Uma colher de chá de pimenta
Um envelope branco

No centro da folha em branco escreva o seu nome e abaixo a frase:

"Proteja-me de dia, de noite e em todos os momentos em que eu sentir
medo".

Circule vagarosamente a frase à caneta, enquanto a repete três vezes em voz alta. Em seguida, espalhe sal e pimenta no centro do papel, no sentido horário. Isso feito, repita o encantamento abaixo:

"No círculo, sal e pimenta formam uma porção,
protejam-me bem, do céu até o chão".

Depois dobre o papel, tomando cuidado para que o sal e a pimenta não caiam. Desenhe um grande pentáculo do lado de fora da folha, junto com o seu nome de bruxo. Guarde o papel dobrado no envelope e lacre-o. Deixe o envelope guardado na gaveta do seu criado-mudo ou enterre-o do lado de fora da janela do seu quarto, como proteção. Repita esse feitiço sempre que sentir necessidade.

Feitiço para a Paz Interior

Use esse feitiço para ajudá-lo a ter paz interior e a tranqüilizar a mente. Ele também é ótimo para diminuir o *stress*!

Material
Uma vasilha ou jarro pequenos
15 gotas de óleo de semente de uva
5 gotas de óleo essencial de ilangue-ilangue
Um CD de música suave
Uma vela branca e um castiçal
Uma caneta
O seu Livro das Sombras ou o seu diário

Na vasilha ou no jarro, destile as quinze gotas de óleo de semente de uva e cinco gotas de óleo de ilangue-ilangue. Misture bem e reserve. Diminua a iluminação do ambiente, coloque o CD para tocar e coloque os demais ingredientes sobre o altar.

Unte a vela branca com a mistura de óleos e livre-a de toda negatividade por meio da visualização. Ouça a música de fundo por alguns momentos e acenda a vela. Sinta a tensão deixando o seu corpo, à medida que a vela queima.

Em seguida, repita este encantamento à medida que massageia os pulsos e a região do terceiro olho com a mistura de óleos.

"A paz é uma flor branca e tranqüila
brilhando fulgurante a sua luz
que a esperança floresça neste momento de tumulto
trazendo equilíbrio com essa semente mental

que todos os equívocos da minha vida se tornem acertos
pelo poder da terra, da lua e dos vôos celestiais".

Entre em sintonia com a energia da sua Deusa favorita. As divindades lunares têm uma energia extremamente compatível com esse ritual de paz interior. Cultive pensamentos de tranqüilidade enquanto ouve a música suave. No seu Livro das Sombras ou no seu diário, registre tudo o que lhe tem afligido nos últimos dias. A expressão dos sentimentos é a melhor maneira de dissipar os medos e conjurar um futuro mais positivo.

Feitiço para o Sucesso

Use este feitiço para promover o sucesso em todas as áreas da sua vida. Se quiser, você pode adaptá-lo às suas necessidades, concentrando-se num assunto em particular, como nos seus estudos, no seu trabalho ou na sua situação financeira.

Material
Uma vela branca e um castiçal
A água sagrada da Lua Cheia (ver receita na pág. 144)
Uma fita prateada de vinte centímetros de comprimento

Segure a vela entre as palmas das mãos e visualize uma névoa branca. Deixe que essa energia positiva flua em volta e dentro das suas mãos. Quando essa imagem estiver viva em sua mente, molhe a vela com a água sagrada da Lua Cheia e coloque-a sobre uma superfície plana. Amarre a fita prateada na base da vela, dê um laço e corte o restante da fita.
Pense no seu objetivo por alguns instantes. Que tipo de sucesso você está procurando? Você tem alguma área da sua vida em mente? Quando estiver bem concentrado, coloque a vela no castiçal e acenda o pavio enquanto repete o encantamento a seguir:

"Vela branca queime forte
evocando os poderes da sorte
fita prateada bem amarrada
enlace com cuidado o que me é destinado
palavras proferidas com significado
entre o mundo dos que sonham e dos que estão acordados
terra, ar, água e fogo
sucesso venha em meu socorro!"

Continue sentado diante da vela e medite sobre o seu objetivo. Quando tiver acabado, conclua o feitiço dizendo:

"Sem prejudicar quem quer que seja
Realizou-se o meu desejo.
Assim seja!"

Apague a vela com um sopro ou com a espevitadeira e volte a acendê-la quando quiser reafirmar o sucesso que você almeja.

Sachê de Proteção

Este feitiço de nível avançado ajudará você a invocar um escudo de proteção e a criar um sachê de ervas.

Material
Incenso de sândalo, olíbano ou mirra
Uma folha de papel creme
Uma caneta preta
Um quadrado de tecido verde-escuro de trinta centímetros
Pelo menos duas das seguintes ervas de proteção: manjericão, sálvia, alecrim
Um talismã de proteção pequeno, como um pentáculo desenhado num papel; um cristal de quartzo transparente, uma moeda da sorte; um objeto pessoal que você associe com proteção
Uma fita verde de vinte centímetros de comprimento

Coloque os ingredientes diante de você. Acenda o incenso e fique diante do altar ou do seu espaço de trabalho.

Pense na terra e visualize a energia dela entrando pelos pés e subindo pelo seu corpo. Deixe que a energia da terra penetre em seus membros, no seu peito e na sua cabeça. Depois de fazer a visualização, sente-se e pegue a folha de papel creme. Escreva o seu nome no centro do papel, usando a caneta preta, e dobre-o várias vezes até que sobre apenas um quadradinho de papel. Deixe-o de lado por alguns instantes.

Abra o quadrado de tecido e coloque no seu centro as ervas que usará. Sobre as ervas coloque o seu talismã e o papel dobrado. Agora coloque as mãos sobre a pilha e visualize uma forte névoa branca cercando o seu

FEITIÇOS DE GWINEVERE

corpo, o tecido verde e o seu conteúdo. Sinta a energia divina envolvendo você, protegendo todo o seu corpo, a sua mente e a sua alma. Quando estiver pronta, profira as seguintes palavras com sentimento e poder:

"Incenso, ervas, talismã
juntem-se e sirvam como um escudo
com esta aura de proteção
nada pode me ferir neste mundo".

Sinta o campo de proteção cercar você. Junte as pontas do quadrado de pano, tomando cuidado com o conteúdo, e amarre-as com a fita, fazendo uma trouxinha. Complete o feitiço selando a energia com estes dizeres:

"Magia que protege sem que eu veja
como eu desejo que assim seja".

Convite para o Amor

Os ingredientes usados neste feitiço ajudam você a evocar um amor romântico. Ao fazer o feitiço, procure mentalizar as características que você gostaria de encontrar no seu parceiro.

Material
Suco de maçã ou outra bebida doce
Uma folha de papel branco
Caneta vermelha
Uma pitada de canela em pó
Um envelope vermelho

Coloque a bebida que você escolheu numa bela taça antes de começar o feitiço e coloque-a sobre a sua superfície de trabalho, num lugar onde você não corra o risco de derrubá-la acidentalmente. Depois coloque a folha de papel sobre a superfície à sua frente e feche os olhos. Pense em todas as qualidades que você quer encontrar num rapaz ou numa garota; por exemplo, honestidade, carinho, amabilidade. Quando já tiver listado mentalmente todas as qualidades, anote-as na metade superior da folha.

Em seguida, leia devagar a sua lista em voz alta e tome um gole da bebida. Depois tome nota de todos os atributos físicos que você gostaria que o seu parceiro tivesse. Leia em voz alta essa nova lista e tome outro gole da bebida.

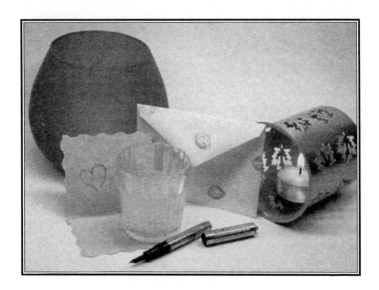

Depois que você achar que as duas listas estão completas, coloque uma mão aberta sobre o papel e repita este encantamento:

"Eis a lista de tudo o que eu quero encontrar
Magia, me traga esse alguém para amar".

Prossiga escrevendo o poema a seguir no centro da folha:

Neste papel eu faço um convite
Minhas intenções são o meu limite
Uma pitada de canela
Seus beijos anseio, tão doces e ternos
Venha até mim com o coração aberto
Magia lançada comece a dar certo!

FEITIÇOS DE GWINEVERE   **163**

Agora desenhe um coração em torno do poema e assine o seu nome embaixo. Em seguida, espalhe uma pitada de canela sobre o convite, depois dobre-o cuidadosamente, sem deixar a canela cair. Para completar o feitiço, coloque o papel dentro do envelope vermelho e escreva na frente as palavras "sem prejudicar ninguém". Lacre o envelope e guarde-o num lugar especial.

Feitiço para Arrumar Emprego

Este feitiço foi criado para ajudá-lo a atrair o emprego certo para você agora. Seus resultados serão melhores se você também lançar mão dos meios normais para conseguir um trabalho e se empenhar nessa busca.

Material
Dois quadrados de papel de seda branco ou verde, de 25 cm.
Três moedas
Uma colher de chá de canela
Uma colher de chá de menta
Uma rodela de limão

Junte os ingredientes e coloque-os sobre o altar. Coloque os quadrados de papel um sobre o outro, segure as moedas numa mão e, com a outra, coloque as ervas no centro dos quadrados. Pingue o suco do limão sobre o montinho de ervas e coloque a mão aberta sobre a mistura, com a palma para baixo. A seguir, faça esta invocação:

"Emprego é para mim a melhor solução
com canela, menta e uma rodela de limão
três moedas de prata na lua nova
Deusa, que esta magia funcione à sua moda
Que surja agora o que a vida deseja
Assim como eu peço, que assim seja!"

Sem deixar cair as ervas, dobre os papéis de seda até formar um quadradinho. Coloque as moedas sobre ele e espere até o dia seguinte. Pela manhã, pegue de volta as moedas; use uma para pagar algo que comprar, guarde a outra na carteira ou na bolsa e deixe a terceira sobre o altar. Enterre o quadradinho de papel assim que possível, enviando o seu pedido para a Mãe Terra.

Fora aos Valentões

O propósito deste feitiço é ajudar você a recuperar o controle da sua vida e deter a influência de uma pessoa destrutiva.

Material

Um incenso de olíbano ou sândalo
Uma folha de papel
Uma caneta vermelha
Uma colher de chá de pelo menos duas das seguintes ervas: manjericão, ramos de pinheiro, alecrim ou alho em pó
Um marcador preto
Uma xícara de água quente
Uma colher de chá de sal
Uma pazinha ou ferramenta de jardinagem para cavar

Encontre um lugar tranqüilo e junte ali todos os ingredientes, com exceção da água e do sal. Acenda o incenso cuidadosamente e inspire o seu aroma fresco. Coloque o papel branco sobre uma superfície e pense na pessoa que está deixando a sua vida mais difícil. Com a caneta vermelha, escreva as palavras "O Valentão" no alto da folha. Em seguida, repita o seguinte encantamento num tom firme:

"Preste atenção, estou avisando enfim
é melhor parar e me deixar em paz
você não tem poder nenhum sobre mim
eu expulso daqui as suas más influências
e não deixo espaço para o medo ou para a dúvida".

Feche os olhos e visualize uma névoa branca protegendo você. Quando acabar, abra os olhos e escreva o poema a seguir no centro da folha de papel:

"A escuridão é para acalmar
E a luz é para despertar
Eu impeço você de me prejudicar".

Coloque as ervas no centro do papel enquanto mentaliza você mesmo feliz, em paz e a salvo. Dobre a folha de papel, tomando cuidado para não

FEITIÇOS DE GWINEVERE   165

deixar cair as ervas. Usando o marcador preto, desenhe um pentáculo grande de um lado do quadrado de papel dobrado.

Apague qualquer vela que esteja acesa e o incenso e feche o círculo, caso tenha lançado um, ou abra nele uma passagem. Mantenha o pacotinho de ervas com você. Na xícara de água quente, derrame a pitada de sal e mexa cuidadosamente. Saia de casa e vá até um canto mais afastado do seu quintal. Com a pazinha, cave um buraco na terra ou num vaso, deixe ali dentro o pacotinho com as ervas e reflita por um momento sobre a situação. Devagar, despeje a água quente sobre o pacotinho e repita o cântico a seguir:

*"Para a mãe terra eu envio
o conserto para este problema".*

Cubra o buraco com terra e bata o pé três vezes sobre o buraco tampado. Dê meia volta e se afaste. O feitiço foi lançado.

DEZ

A Magia Funciona!

Os wiccanos praticam magia positiva para ajudar a si mesmos e àqueles de quem eles gostam. Nós entramos em sintonia com a energia universal para criar, alterar, moldar, reformular e aprimorar. Depois que um conjunto de fatores — um desejo profundo, uma intenção firme, alguns ingredientes, um feitiço bem escrito, um círculo protetor, bênçãos divinas e um momento propício — são harmonizados, a magia acontece e muda o curso das coisas. A magia é um belo instrumento de fortalecimento e transformação pessoal que precisa ser respeitado e reverenciado.

Este capítulo trata dos elementos externos da magia, mas também dos aspectos internos que contribuem para o desenrolar do feitiço. Primeiro vem o desejo. Todo objetivo mágico parte, a princípio, do praticante da magia; esteja esse desejo relacionado a ele mesmo ou à outra pessoa, ele é o catalisador que desencadeia o feitiço. Em seguida, costuma vir um pensamento firme e a vontade de mudar o futuro. Essa cadeia de acontecimentos é descrita em detalhes no Capítulo Dois, a respeito dos princípios éticos da magia.

Concentre-se no seu desejo antes e durante o lançamento do feitiço. Se sentir dificuldade para se concentrar, visualizar e projetar a sua vontade, a magia costuma demorar mais para funcionar ou dar errado. Não perca o seu foco até concluir o feitiço.

O praticante precisa estar emocionalmente envolvido com o seu objetivo mágico. As nossas emoções se ligam com a nossa necessidade e são expressas enquanto recitamos um encantamento ou fazemos uma afirmação. Depois que o feitiço foi lançado, a sua crença nele acaba influenciando o resultado final. Para causar mudanças, é preciso ter fé em si mesmo e no seu poder interior. Por último, vem a persistência, que é uma necessidade. Às vezes, um objetivo complexo exige mais de uma tentativa. Cada vez que você tentar, estará gerando mais energia, mas é preciso dar tempo ao tempo para que o feitiço funcione. Mantenha-se firme e positivo.

Use as correspondências apresentadas neste capítulo em conjunto com o planejamento de feitiço da pág. 183 para criar os seus próprios feitiços mágicos!

O mais importante para se aprimorar na prática da magia é o uso da meditação para aprender a focar a mente e alterar a consciência. Limpar a mente, visualizar um objeto pelo maior tempo possível, fazer exercícios de visualização orientada — todas essas práticas e outras semelhantes nos ajudam a aprender a focar a mente.

— ARIAWN, 19 ANOS, OHIO, EUA

Quando comecei a praticar magia, eu só pensava em lançar feitiços. Agora eu já aprendi mais sobre a natureza da magia.

— LYNX SONG, 15 ANOS, LOUISIANA, EUA

A Ocasião Propícia para Fazer Magia

Para que um feitiço dê o resultado desejado, os praticantes prestam atenção na data e no horário em que ele será lançado e também nas influências em curso nessa ocasião. Definir a melhor ocasião para a magia não precisa ser algo complicado, opressivo ou cheio de detalhes. Isso pode ser tão simples quanto você quiser, assim como lançar um feitiço para aumentar a auto-estima durante a lua cheia.

Se você quer ter certeza de que escolheu a melhor ocasião para fazer esse feitiço, lance-o durante a lua crescente, mas também leve em conta o dia da semana que se relaciona melhor com o seu objetivo. Nesse caso, a sexta-feira é a melhor opção, pois ela é regida por Vênus, o planeta que recebeu o nome da deusa romana do amor. A segunda-feira é também uma boa opção, pois ela é regida pela lua, que rege as questões ligadas à cura emocional. Nessa seção, nós trataremos de diferentes aspectos desse assunto, mencionando desde o ciclo lunar básico até as influências diárias dos planetas e das mudanças sazonais.

✤ Do Livro das Sombras de Gwinevere
27 de março de 2003 – 19 anos
Eu estou com um sentimento esquisito de negatividade, que veio de um pesadelo que não me saiu da cabeça o dia inteiro. Eu decidi que precisava fazer alguma coisa a respeito. Depois que a casa ficou em silêncio, eu aproveitei para conseguir alguns momentos de privacidade. Uma tempestade acabara de começar, vinda do litoral. Eu estava carregada de energia e me sentindo muito bem-disposta. Sentei-me na cama, concentrei-me no meu objetivo e redigi um feitiço especial. Não foi assim tão fácil, precisei de bastante tempo. Fiz vários rascunhos. Peguei o meu incenso: um de patchouli e outro de sândalo e os acendi cuidadosamente. Quando li o encantamento pela primeira vez, o meu coração começou a bater mais rápido.

Eu estava em casa sozinha e sabia que poderia falar em voz alta se quisesse. Os meus feitiços normalmente são sussurrados, por isso o impacto de ouvir a minha própria voz, em alto e bom som, tomou-me de surpresa. Eu sabia que deveria continuar, então continuei lendo em voz alta, linha por linha. A minha confiança aumentou; minha voz já não saiu tão baixa. A bruxa em mim assumiu o comando. Eu percorri o perímetro do meu quarto, purificando o espaço. Repeti o encantamento tantas vezes que perdi a conta.

Os trovões retumbavam ao longe, como um lamento. Eu os sentia sob os meus pés. Por fim, parei em frente ao altar, olhei para a chama das minhas velas e parei de entoar o encantamento. O meu coração parou de bater tão rápido e as palavras "assim seja" brotaram na minha mente. Eu as falei uma vez e foi o bastante. Sorri, apaguei as velas com um sopro, apaguei o incenso e fiz um lanche.

FASES DA LUA

O ciclo lunar é uma das pulsações rítmicas da natureza. Muitos praticantes se sintonizam com a energia das diferentes fases para atingir com mais facilidade os seus objetivos e dar mais poder à magia. Antes de lançar um feitiço, eles escolhem o período lunar que se ajusta melhor ao resultado que desejam. Nesta seção, estudaremos as vibrações presentes durante cada fase e veremos como é possível aproveitar esse poder.

O ciclo lunar, que dura por volta de vinte e oito dias, começa quando a lua está quase toda coberta e só se vê uma pequena crescente no céu. Essa é a lua nova, que irradia uma energia renovada. É uma boa hora para começar novos projetos, planejar o futuro, contemplar objetivos importantes, purificar, abençoar e consagrar. Ao longo de algumas noites, a lua parece crescer sutilmente. A fase crescente nos ajuda a multiplicar, construir, crescer, atrair e expandir. Quando a lua fica completamente cheia, a magia está no seu auge. Lance feitiços relacionados a assuntos importantes, que requerem resultados certos. A lua cheia marca um período de mudanças positivas e de transição. No curso de várias noites, ela parece decrescer. O período minguante carrega vibrações associadas com o desapego, a diminuição, a eliminação da negatividade e o banimento de influências destrutivas.

Por fim, a Lua Negra completa o ciclo lunar. Essa fase não é necessariamente científica, mas é usada na Wicca para definir o aspecto da lua em que a crescente ainda não é visível e a lua está completamente encoberta. A Lua Negra, que ocorre durante uma ou duas noites antes da lua nova, é uma época de finalizações e de reflexão profunda, e favorece os banimentos, as uniões, a construção de escudos e outras magias de proteção. Consulte um almanaque astrológico, um calendário ou uma agenda para saber com precisão as fases da lua.

Influências mágicas diárias

Cada dia da semana tem um planeta ou corpo celeste que o rege. A energia desse astro é o que determina as associações mágicas desse dia em particular. Combine a melhor fase da lua com o dia mais favorável para o seu feitiço, ou leve em conta só os dias da semana. Experimente cada método e descubra o que funciona melhor para você!

Domingo
Regido pelo Sol   Gênero masculino
Sucesso, prosperidade, coragem, força, liderança, poder, proteção, cura, espiritualidade.

Segunda-feira
Regida pela Lua   Gênero feminino
Consciência parapsíquica, intuição, sono, paz, sonhos proféticos, divinação, fertilidade, compaixão, cura (especialmente emocional).

Terça-feira
Regida por Marte   Gênero masculino
Paixão, ação, mudança, solução de problemas, coragem, força, proteção.

Quarta-feira
Regida por Mercúrio   Gênero masculino
Comunicação, viagem, aprendizado, estudo, sabedoria, divinação.

Quinta-feira
Regida por Júpiter   Gênero masculino
Prosperidade, abundância, dinheiro, crescimento, negócios, emprego, sorte, questões relacionadas à lei.

Sexta-feira
Regida por Vênus   Gênero feminino
Amor, beleza, juventude, harmonia, alegria, amizade, fidelidade nos relacionamentos.

Sábado
Regido por Saturno   Gênero feminino
Magia defensiva, banimento, uniões, construção de escudos, finalizações, ambiente doméstico e a casas.

AS ESTAÇÕES E A MAGIA

Primavera
Inícios, novos projetos, purificação, limpeza, cultivo de um jardim mágico (com ervas e flores usadas em trabalhos de magia), fertilidade, para encontrar o amor, beleza, sociedades, felicidade.

Verão
Dinheiro, prosperidade, sucesso, objetivos, força, coragem, magia do fogo, fortalecimento do amor, fidelidade, cura física.

Outono
Espiritualidade, agradecimento pelas bênçãos recebidas, banimento da negatividade, proteção, novas aquisições.

Inverno

Reflexão interior, meditação, cura emocional, divinação, consciência psíquica, descoberta de vidas passadas.

CORES MÁGICAS

As cores desempenham um papel especial na magia. Cada tom irradia um tipo diferente de energia. Por exemplo, quando você vê uma flor cor-de-rosa, ela lhe parece suave e sutil. Por outro lado, uma flor de cor laranja parece brilhante e dá a impressão de vibração. Quando lançam um feitiço, muitos praticantes escolhem a cor de acordo com a sua energia e as suas ligações correspondentes com o objetivo em questão. Nós definimos a cor da corda (ou da fita) quando fazemos magia com nós, a cor do tecido com que faremos sachês de ervas ou bonecos e, especialmente, a cor das velas para a magia com velas.

Nos feitiços, a cor estabelece um vínculo visual com o objetivo. Como as cores podem significar coisas diferentes para cada pessoa, seria aconselhável que você elaborasse a sua própria tabela de correspondências. Reveja a lista a seguir e escreva no seu Livro das Sombras as cores que, para você, se afinam melhor com cada objetivo. Não se preocupe com a possibilidade de "errar". Você sempre pode fazer alterações nessa lista. Se você estiver meio confuso, consulte um livro ou site wiccano que traga listas de correspondências e veja até que ponto você concorda ou discorda com as informações fornecidas.

banimento	dinheiro	purificação
beleza	paz	sono
desejo	proteção	sucesso
cura	mediunidade	desejos
amor		

TIPOS DE MAGIA

Nesta seção, trataremos brevemente dos vários tipos de magia usados pelos wiccanos. Essa lista não tem a pretensão de ser completa; existem outros aspectos da Bruxaria que os praticantes também levam em conta. Também peço que você veja essas informações como uma orientação geral. A magia que os wiccanos praticam não se molda a padrões preestabelecidos. Siga a sua intuição e divirta-se criando os seus próprios feitiços!

Aprendendo diferentes sistemas de magia, eu posso utilizar o meu conhecimento de todas as práticas e fazer as minhas próprias combinações.

— Pytho, 14 anos, Milão, Itália

A magia do fogo, que usa velas, é o meu forte. Eu também me dou bem usando sachês de conjuração e a magia dos nós.

— Gede, 15 anos, Queensland, Austrália

Magia das velas

Selecione uma vela cuja cor represente o seu objetivo (veja as informações sobre cores neste capítulo). É importante que você também tenha um castiçal que se ajuste ao tamanho e formato da sua vela. Para começar, consagre a vela do jeito que você achar melhor. Você pode fazer isso usando visualização, passando a vela pela fumaça do incenso, borrifando água sagrada da Lua Cheia na sua base ou utilizando outro método.

O passo seguinte chama-se "vestir" a vela. Existem vários jeitos de se fazer isso. Um deles é untar a base da vela com óleo (cujo aroma também está associado com o seu desejo mágico), fazendo movimentos no sentido horário. Essa prática pode ser acompanhada de visualização e de um encantamento. Além disso, você pode inscrever um símbolo na vela ou rolá-la num recipiente com ervas.

Depois de vestida, a vela é colocada no castiçal e acesa. Enquanto visualiza o resultado final, entoe uma frase mágica ou leia um encantamento para definir com clareza o seu objetivo. Normalmente, eu escrevo o meu desejo numa folha de papel, enrolo-o como um pergaminho e deixo-o ao lado da vela para afirmar o meu desejo. Por fim, a vela é apagada, embora possa voltar a ser acesa na(s) noite(s) seguinte(s), para fortalecer o seu desejo mágico e continuar insuflando poder no seu feitiço.

É importante notar que alguns praticantes acreditam que, se apagarem a vela com um sopro, podem interferir no poder da magia. Se você concorda com isso, então pense na possibilidade de acrescentar uma espevitadeira ao seu arsenal de instrumentos. No passado, eu apagava as velas com um sopro deliberadamente, por acreditar que esse sopro poderia dar vida ao meu objetivo e liberá-lo no universo. Hoje em dia, eu uso uma espevitadeira por ser mais eficiente. O método escolhido, seja qual for, não interfere no resultado final da magia. Descubra qual é melhor para você!

A MAGIA FUNCIONA! 173

Eu prefiro usar velas em vários outros tipos de magia. Não sei se é por causa da energia da chama ou do efeito suave da sua luz bruxuleante.

–CHIRON NIGHTWOLF, 16 ANOS, GEÓRGIA, EUA

Sachê de ervas ou de conjuração

Escolha ervas que tenham correspondência com o seu objetivo e coloque-as sobre o altar ou sobre o seu espaço de trabalho. Use um saquinho de pano já pronto ou corte um quadrado de tecido de uns quinze centímetros. A cor do saquinho pode corresponder ao seu objetivo ou pode ser branco, que serve a todos os propósitos. Para amarrar o saquinho, use uma fita ou um cordão de uma cor associada ao tema do seu feitiço. Faça um talismã ou use um já pronto, para aumentar a sua ligação com o desejo mágico. Se for um feitiço de prosperidade, esses símbolos podem ser moedas; se for de proteção, um pentáculo desenhado num papel; se for de beleza, um espelhinho; se for de amor, um doce em forma de coração.

Comece a fazer o sachê providenciando as ervas e colocando-as dentro do saquinho de tecido (ou amontoando-as no centro do quadrado de tecido). Junto, coloque o talismã. Coloque a sua mão aberta sobre esses itens e visualize-os sendo carregados de poder. Recite o seu encantamento. Depois feche o saquinho com uma mão e amarre-o com a fita ou cordão. Se estiver usando um quadrado de tecido, junte as pontas e use a fita para amarrá-las. Depois segure o saquinho e sinta o aroma das ervas enquanto visualiza o seu objetivo mágico.

Magia dos nós

Providencie um cordão de cetim ou uma faixa de seda bordada na cor que corresponda ao seu desejo mágico. O cordão ou a faixa deve ter em torno de nove polegadas de comprimento (por volta de dois metros e vinte), pois o nove corresponde a três multiplicado por três (um número sagrado para os wiccanos). Coloque o cordão sobre o altar ou sobre o espaço de trabalho, junto com uma caneta e uma folha de papel. Conte quantos versos o seu encantamento tem e registre esse número no canto da folha, pois ele determinará a quantidade de nós que você fará durante o feitiço (por exemplo, se o encantamento tiver quatro versos, você fará quatro nós).

Comece pensando no seu feitiço e mentalizando o resultado que você quer. Quando estiver pronto, escreva no papel esta frase: "O meu objetivo é_____", preenchendo a lacuna com o seu desejo mágico (por exemplo, ser bem-sucedido, atrair o amor, eliminar a negatividade). Pegue então o cordão e segure-o esticado. Irradie sobre ele as suas vibrações positivas e a energia divina, visualizando uma névoa branca vinda da terra, subindo pelo seu corpo e penetrando no cordão. Em seguida, comece a dar os nós. Se a sua intenção for aumentar, desenvolver ou atrair alguma coisa, comece dando o primeiro nó na extremidade esquerda do cordão e seguindo em direção à outra extremidade. Para eliminar, banir ou diminuir alguma coisa, dê os nós da direita para a esquerda. Lembre-se, o número de nós que você dará depende do número de versos do seu encantamento. Depois de dar cada nó, segure o cordão enquanto recita um verso do encantamento. Em seguida visualize o seu objetivo sendo selado enquanto dá um beijo sobre o nó. Depois você pode deixar o cordão sobre o altar ou criado-mudo, carregá-lo com você ou enterrá-lo. Não desfaça os nós se não quiser desfazer o feitiço.

No ano passado, uma garota do meu colégio pediu-me para ajudá-la a superar a dificuldade que sentia para se comunicar com o namorado; então eu fiz uma pequena magia com nós. Quase um ano depois, eles continuam juntos e conversam abertamente entre eles.

— ARIAWN, 19 ANOS, OHIO, EUA

Bonecos

O boneco é uma bonequinha de pano com forma humana, usada para trazer resultados positivos e não para amaldiçoar, enfeitiçar ou prejudicar ninguém. Os bonecos geralmente requerem mais tempo e dinheiro do que outros tipos de magia, mas são feitos à mão, o que a meu ver contribui para tornar a magia mais eficaz.

Esse tipo de trabalho de magia simpática funciona de um jeito peculiar. Primeiro, o boneco é criado para representar simbolicamente a pessoa para quem o feitiço é dirigido. Depois, ele é carregado de poder para que o objetivo mágico possa ser alcançado. A idéia é dirigir energia utilizando simbolismo, ervas e visualização. A magia com bonecos se divide em três partes e cada uma delas desempenha um papel diferente no processo mágico.

Parte um: preparação

Ter um molde facilita muito. Para fazê-lo, pegue uma folha de papel e desenhe uma forma humana um pouco maior do que o tamanho do boneco que você quer fazer. Depois que você estiver satisfeito com o seu desenho, corte-o e deixe-o de lado. A segunda tarefa é selecionar o material com que você fará o boneco. Os tecidos de seda são difíceis de manusear. Opte pelo algodão, de preferência na cor correspondente ao seu objetivo. A musselina é um tecido natural que serve para todos os propósitos e não custa muito caro.

Quando for comprar o tecido, não se esqueça de trazer também fitas coloridas, agulha e linha. Também pense no recheio, pois você precisará encher o boneco com alguma coisa. São muitas as opções; espuma, algodão ou lã branca são algumas. Musgo artificial também serve, mas não é muito fácil de encontrar. Selecione ervas que correspondam ao seu objetivo e crie um talismã (prova) que será usado como uma ligação simbólica entre a pessoa e o boneco. Algo escrito à mão pela pessoa, um objeto pequeno que pertença a ela ou uma fotografia são alguns exemplos de provas. O boneco também pode representar uma situação, como uma fofoca. Nesse caso, o boneco não deve ter as características de nenhuma pessoa em particular, nem conter uma prova. Escreva apenas numa folha de papel, "acabar com a fofoca" e use-a como um talismã.

Parte dois: criação

Comece reunindo o material de costura: o tecido, o molde, o giz para marcar o tecido, uma tesoura, uma agulha e um carretel de linha. Coloque o molde sobre o tecido e trace o contorno da figura usando o giz. Faça o mesmo em outra parte do tecido, para obter dois bonecos iguais. Recorte as duas figuras, tomando o cuidado de deixar uma borda de um centímetro para a costura. Coloque um corte sobre o outro.

Usando agulha e linha, comece a costurar as bordas usando a linha como guia. É nesse ponto que você começa a dar forma ao boneco. Importante: para poder rechear o boneco, deixe uns cinco centímetros sem costurar, na altura da perna.

Depois que tiver alinhavado o boneco (e deixado uma abertura de cinco centímetros na perna), dê um nó bem firme na linha e corte o que sobrou. Use a abertura na perna para virar o boneco do avesso. Assim você esconderá a maioria dos pontos e deixará o boneco com uma aparência melhor.

Parte três: carregar o boneco com poder

Nessa altura da confecção do boneco, convém trabalhar num espaço sagrado, dentro de um círculo ou diante do altar. Leve todo o material para a sua área de trabalho: o boneco, o recheio, o talismã ou a prova e as ervas. Se quiser, você pode usar também fitas coloridas para decoração e marcadores ou tintas para fazer o rostinho do boneco. Introduza o recheio através da abertura na perna e, enquanto faz isso, visualize o seu objetivo e o resultado que espera.

Depois disso, coloque também as ervas dentro do boneco, certificando-se de que elas cheguem à cabeça e à região do peito. Agora é o grande momento de decorar o boneco: faça olhos, nariz e boca e amarre fitas em torno da cintura dele. Por fim, coloque o talismã ou a prova dentro dele, através da abertura. Depois que ele estiver firme no lugar, segure o boneco enquanto visualiza uma névoa subindo do chão, entrando no seu corpo, saindo pelas mãos e indo diretamente para o boneco. Receite o seu encantamento. Costure a abertura na perna do boneco ou use um alfinete de segurança para fechá-la.

Depois de concluído o feitiço, encontre um lugar seguro para guardar o boneco. Deixe-o no altar ou guarde-o na gaveta do criado-mundo ou dentro de uma caixa de sapatos.

Ervas

Por virem da natureza, as ervas ligam o nosso espírito com o divino. Quando eu ouço o barulhinho da camomila no sachê, o aroma de eucalipto dentro de um boneco de cura ou vejo a fumaça dos raminhos de sálvia queimando, isso desperta os meus sentidos e as centelhas do fogo mágico dentro de mim.

A seguir eu apresento uma lista das propriedades mágicas de várias ervas. Algumas você talvez até já tenha na cozinha da sua casa e outras pode comprar na feira ou no supermercado. Embora em termos culinários o gengibre seja uma raiz e a noz-moscada um tempero, para ficar mais prático, eu chamo de "erva" qualquer tipo de tempero, raiz, castanha ou semente.

Alecrim: Protege contra negatividade e contribui para a purificação, a clareza mental, a realização de desejos, a cura e o sono.

Anis: Protege contra pesadelos e ajuda na proteção e na purificação.

Camomila: Ajuda no sono e na purificação, atrai dinheiro e amor.

Canela: Erva com mil e uma utilidades, que contribui para o sucesso, a realização de desejos, o amor, a proteção, a cura e a espiritualidade. Aumenta as faculdades parapsíquicas e o poder.

Eucalipto: Ajuda na cura e na proteção.

Gengibre: Contribui com o sucesso e o amor, ajuda a atrair dinheiro e aumenta os poderes mágicos.

Manjericão: Protege contra a negatividade e ajuda na proteção, na prosperidade e no amor.

Manjerona: Erva com mil e uma utilidades que ajuda no amor, na saúde e na proteção. Atrai dinheiro e aumenta a felicidade.

Menta: Protege contra a negatividade, atrai dinheiro e realiza desejos. Contribui para a cura e a proteção da casa e dá proteção em viagens.

Noz-moscada: Contribui com a prosperidade, a sorte, a cura e a fidelidade. Aumenta as faculdades psíquicas e o poder mágico.

Salsa: Erva sagrada da deusa Perséfone. Ajuda na purificação, na proteção e na realização de desejos.

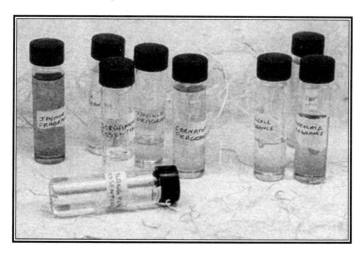

Sálvia: Contribui com a clareza mental, a memória, a sabedoria, a cura, a proteção, a realização de desejos, e atrai dinheiro.

Tomilho: Erva com mil e uma utilidades que protege contra pesadelos e induz ao sono, à purificação, à saúde e ao amor, além de aumentar a consciência parapsíquica e a coragem.

A lista a seguir contém ervas que são mais difíceis de encontrar, mas são muito usadas em magia. É bem provável que você não as tenha na cozinha, mas pode encontrá-las em lojas esotéricas ou na Internet.

Artemísia: Erva muito utilizada na Bruxaria, que contribui para divinação, sonhos proféticos, projeção astral, cura e proteção, além de aumentar a consciência parapsíquica.

Milefólio: Ajuda a atrair o amor, a amizade e a coragem; aumenta a consciência psíquica e protege contra a negatividade.

Patchouli: Ajuda a atrair dinheiro, prosperidade, amor, desejo e fertilidade.

Sangue-de-dragão: Resina avermelhada e escura que ajuda na proteção e protege contra a negatividade. Combinada com outras ervas, ela aumenta os poderes mágicos.

Verbena: Erva de mil e uma utilidades, que contribui para o sono, a paz, a purificação terapêutica, a proteção, o amor e o dinheiro.

✖ Do Livro das Sombras de Gwinevere
14 de agosto de 1999 – 15 anos

Eu comprei pacotes de sementes de erva-cidreira e alecrim. Meu plano é plantá-las em vasos e, quando tiverem crescido, transferi-las para o jardim. Depois disso eu as corto e desidrato. Quero usar essas ervas em magia, para rechear sachês, salpicá-las em torno de velas e rechear bonecos. O único problema é que, bem, eu não consigo cultivar planta nenhuma. O fato de eu ser wiccana e viver supostamente "em comunhão com a natureza" parece não ser motivo para que as plantas cooperem comigo.

A MAGIA FUNCIONA! 179

CRISTAIS E PEDRAS

A *ágata* é uma pedra de um tom suave de azul, com bandas de um branco leitoso. Ela ajuda na comunicação, facilitando a expressão de sentimentos e idéias. Essa pedra também abre a consciência para guias espirituais, deixando que importantes mensagens sejam transmitidas. Trata-se de uma pedra de gênero feminino e do elemento água, que ajuda a aguçar o foco mental e a eliminar pensamentos negativos.

A *ametista* é uma bela pedra roxa cuja tonalidade varia muito. As suas propriedades mágicas principais são: aumentar a consciência psíquica, favorecer a divinação, provocar sonhos proféticos e estimular a intuição natural. A energia receptiva da ametista ajuda o seu portador em questões relacionadas ao amor e à felicidade. Essa pedra com atributos espirituais está associada ao elemento água e irradia vibrações positivas.

A *aventurina* é uma pedra verde bela e vibrante que eleva o ânimo e promove a felicidade. Essa pedra projetiva, regida pelo elemento ar, também traz sorte e dinheiro, estimula a energia criativa e os sentimentos de alegria. Dizem que a aventurina acelera a cura, aguça as faculdades mentais e aumenta a confiança.

O *citrino* é uma pedra translúcida de tom amarelo, que ajuda a evitar pesadelos e garante uma boa noite de sono. Associada com o elemento fogo, ela contribui para aumentar a consciência parapsíquica e aguçar a intuição. A energia projetiva do citrino ajuda o portador a examinar a sua bagagem emocional, a se libertar da dúvida com relação a si mesmo e a eliminar os obstáculos que impedem a sua felicidade.

A *cornalina* é uma pedra de tom laranja brilhante, que promove uma sensação de harmonia interior. A sua energia projetiva ajuda a aumentar a autoconfiança e facilita o sucesso pessoal. Associada ao elemento fogo, a cornalina estimula a criatividade e dá sustentação aos empreendimentos artísticos.

A *hematita* é um mineral macio de tom prateado, que promove a harmonia interior e a tranqüilidade. Trata-se de uma pedra projetiva usada durante a meditação e rituais de cura. Dizem que essa pedra atrai energias amorosas e ajuda a fortalecer compromissos de longa data. O elemento dessa pedra

⚜ Do Livro das Sombras de Gwinevere

13 de setembro de 1999 – 15 anos

A minha tentativa de cultivar plantas não deu certo. As sementes de alecrim não brotaram; continuaram enterradas num grande vaso de terra, rindo da minha cara. E a erva-cidreira aparentemente não gostou de ser regada duas vezes por dia. Agora eu vejo que, com toda aquela água despejada sobre elas, as pobres sementinhas deviam achar que estavam debaixo de uma cachoeira. Tudo o que me resta é dar graças à Deusa por poder comprar ervas desidratadas no supermercado; caso contrário, precisaria recorrer a um tipo completamente diferente de magia!

é o fogo, que ajuda a promover a compreensão profunda e contribui com o crescimento espiritual. Use a hematita para eliminar a negatividade e ancorar você no presente.

O *iólito* é uma pedra translúcida de tom violeta escuro que contribui para a consciência parapsíquica e para a expansão dessa faculdade. De vibrações extremamente espirituais, o iólito ajuda você a sentir amor incondicional e costuma ser usada pelos xamãs para provocar visões. Se usada durante a meditação, o iólito ajuda a expandir o crescimento espiritual e a compreensão das mensagens do universo. Associada com o terceiro olho e com o elemento ar, ela dá proteção ao seu portador.

O *ônix* é uma pedra preta opaca geralmente usada em joalheria. A principal propriedade mágica dessa pedra é a proteção. Ligado ao elemento fogo e de energia projetiva, o ônix é usado na magia defensiva como nos feitiços de banimento e de construção de escudos. A sua cor escura absorve e elimina a negatividade. Dizem que essa pedra também favorece a divinação.

A *pedra-da-lua* é uma pedra de tom branco leitoso muitas vezes associada às energias lunares. De energia supostamente receptiva, ela aumenta a consciência psíquica e a intuição. Os temas principais da pedra-da-lua são a proteção e o amor. Sua energia feminina associada ao elemento água contribui para a paz, a tranquilidade, a cura emocional e a bênção. Essa

pedra aumenta o poder do seu portador e é muito apreciada pelos bruxos devido às suas vibrações suaves e elegantes.

O *peridoto* é uma pedra translúcida de tonalidade amarelo-esverdeada que promove a auto-estima. Entre as suas propriedades mágicas estão a riqueza, a prosperidade e a proteção. A energia receptiva do peridoto ajuda a promover a capacidade parapsíquica, permitindo que o seu portador veja o rosto das pessoas em outras vidas. Essa pedra também é usada para colaborar com o relaxamento e para garantir um sono repousante.

O *quartzo rosa* é uma pedra translúcida cor-de-rosa usada, na maioria das vezes, para promover o amor em todas as formas. Essa pedra é capaz tanto de atrair romance, como garantir a felicidade, acabar com a solidão e promover a felicidade. Coloque-a sobre o coração para ajudar na cicatrização de feridas emocionais. Essa pedra receptiva traz paz e amizade, e pode aumentar a auto-estima do seu portador. Por fim, dizem que o quartzo rosa traz dinheiro, elimina a negatividade e ajuda a purificar as emoções.

Palavras mágicas

Uma das partes mais importantes da elaboração de um feitiço é a criação do cântico ou do encantamento. As palavras mágicas são um meio de você

ꓗ Do Livro das Sombras de Gwinevere

10 de setembro de 2003 – 19 anos

As ervas, os óleos e o incenso perfumam o ambiente, espalhando um aroma doce e floral. Enquanto eu seguro um quartzo rosa na mão e começo a visualizar, minha mão esquenta. Eu passo a pedra para a outra mão e a pedra ainda está quente. É uma sensação suave, que não queima, mas é constante. Eu uso pedras semipreciosas em peças de joalheria e em raras ocasiões, durante rituais, mas posso dizer francamente que isso nunca tinha acontecido antes. Não foi nada assustador, mas me deixou meio intrigada.

---

descrever com detalhes qual é exatamente a sua necessidade. Nem sempre é fácil redigir um encantamento, mas o resultado final sempre traz uma certa satisfação.

Por que esse aspecto do feitiço é importante? Porque, quando expressa verbalmente o seu desejo por meio de um cântico ou encantamento, você dá a ele significado e direção. Trata-se de um processo simultâneo: Você ouve as palavras, sente a magia e se liga com a divindade. Qual a diferença entre o cântico e o encantamento? O cântico é a repetição de uma pequena frase várias e várias vezes. O encantamento é uma afirmação mais longa recitada uma vez em tom firme.

Como você pode criar as palavras mágicas para o seu feitiço? Comece estabelecendo o seu objetivo. Escreva os conceitos e as idéias que lhe ocorrem quando você pensa no seu desejo. Por exemplo, se estou em busca de proteção, logo imagino dois braços fortes me envolvendo num abraço. Então eu traduzo essa imagem em rimas:

"Oh, Deusa e Deus
abracem-me em seus braços nus
e me protejam essa noite com a sua luz!"

Quando quero um encantamento mais original, eu penso nos ingredientes que pretendo usar durante a magia. Se eu tenho de consagrar um novo altar, eu provavelmente cito a água sagrada da Lua Cheia. Eis a seguir um encantamento que eu criei tendo isso em mente:

"Com a água da Lua Cheia, minha bebida preferida,
Eu expulso todas as energias negativas

A MAGIA FUNCIONA! 183

E vibrações maléficas deste espaço
Para consagrar e abençoar este lugar sagrado."

As palavras de um encantamento mágico soam melhor quando rimam. No entanto, se você não conseguir encontrar rimas, defina o seu objetivo na forma de um pedido claro e conciso.

Às vezes, eu escrevo os meus próprios feitiços; outras vezes, eu faço alterações em feitiços escritos por outras pessoas.

— LUNA, 16 ANOS, FINLÂNDIA

Antes de escrever um feitiço, eu geralmente medito sobre a situação primeiro, para que eu tenha uma visão clara do que precisa acontecer. Isso me ajuda a compor um feitiço que trará os melhores resultados possíveis.

–CHIRON NIGHTWOLF, 16 ANOS, GEÓRGIA, EUA

FEITIÇO PARA AJUDAR NA REDAÇÃO DE ENCANTAMENTOS MÁGICOS

De vez em quando, eu me sinto meio bloqueada quando estou tentando criar um novo feitiço. Eu fico empacada, como se não conseguisse colocar os pensamentos em ordem ou não soubesse nem por onde começar! Eu criei o feitiço a seguir para ajudar na redação de encantamentos mágicos. Eu sugiro que você recorra a ele sempre que precisar de uma mãozinha.

Para começar, coloque o seu Livro das Sombras e uma caneta sobre o altar ou espaço sagrado. Não há necessidade de lançar um círculo, mas uma purificação rápida com incenso ou o ritual da vassoura não faz mal a ninguém!

Concentre-se na intenção do seu feitiço, o objetivo exato que você quer atingir. Respire fundo, feche os olhos e solte o ar, deixando que ele leve qualquer frustração ou confusão que bloqueie o seu raciocínio. Entoe este encantamento, preenchendo a lacuna com o propósito principal do seu feitiço:

"Criatividade, comece a aparecer
pois este feitiço de_____eu pretendo escrever".

Se você estiver com dificuldade para criar um cântico para o feitiço, use o encantamento a seguir:

184   CONFISSÕES DE UMA BRUXA TEEN

"Formule no papel, conjure no mental
mande-me as palavras que eu preciso encontrar!"

Esses encantamentos não são a solução para todas as dificuldades relacionadas à redação de feitiços, mas provavelmente ajudarão você a ter mais concentração para cumprir a sua tarefa!

Planejamento de um feitiço
A criação de um feitiço compõe-se de oito passos:
1. Descreva o objetivo mágico e defina quem o feitiço pretende ajudar
2. Examine qual seria a melhor ocasião para lançá-lo: qual a melhor fase da lua, o melhor dia da semana, etc.
3. Selecione a cor que mais se ajusta ao seu objetivo
4. Decida o tipo de magia que você usará
5. Faça uma lista do material que usará, como ervas, óleos, etc.
6. Crie um cântico ou encantamento
7. Selecione as imagens que irá visualizar
8. Levando em conta todos os passos anteriores, redija o seu feitiço

Eu descobri que é muito bom escrever uma lista num papel, de modo que eu possa consultá-la enquanto junto os ingredientes e vou riscando os itens que já providenciei. Registre os seus feitiços tirando uma cópia da Folha de Rituais e Feitiços incluída no final do Capítulo Um. Coloque-a dentro do seu Livro das Sombras e tome nota ali de cada feitiço ou ritual que você realizar.

Na hora em que eu escrevo os meus feitiços, eu já os coloco em ação, pois investi o meu poder pessoal.
— ANUBIS RAINHAWK, 15 ANOS, CALIFÓRNIA, EUA

ESCUDO DE PROTEÇÃO PARAPSÍQUICA

Em geral, aconselha-se aos praticantes que criem algum tipo de espaço sagrado, seja com o lançamento formal de um círculo ou com a limpeza de uma área pequena. O propósito principal disso é proteger o praticante, o ritual e o lugar de influências negativas. O ritual de proteção a seguir

A MAGIA FUNCIONA! 185

tem um propósito parecido: proteger a sua aura e a sua sensível mente psíquica de energias negativas.

Material
Um recipiente pequeno com três colheres de sopa de sal
Uma vasilha de tamanho médio

Para começar, sente-se confortavelmente diante do altar e coloque o material do feitiço sobre ele. Concentre a mente nessa tarefa. Respire fundo três vezes, inspirando pelo nariz e soltando o ar pela boca. Enquanto o seu corpo vai relaxando, feche os olhos e visualize a área entre as sobrancelhas (também conhecida como terceiro olho) brilhando com uma luz dourada. Abra os olhos lentamente e pegue o recipiente com sal. Coloque a mão esquerda sobre a vasilha, com a palma para cima, e salpique metade do sal sobre ela, deixando que ele caia por entre os seus dedos. Limpe a mão do resto do sal. Repita o mesmo gesto com a outra mão.

Mentalize a imagem já visualizada do seu terceiro olho e faça com que a luz dourada se expanda até envolver toda a sua cabeça e o seu corpo, cobrindo-o completamente.

Recite o encantamento a seguir em voz alta e tom firme:

"Donzela, Mãe, Anciã, Deusa Tríplice
peço que afaste de mim todo mal
erga da luz o meu escudo sagrado
para me proteger da negatividade negra
como desejo que assim seja!"

Para concluir o ritual, jogue uma pitada de sal sobre cada um dos ombros e outra entre os pés. Visualize o seu escudo de proteção parapsíquico sempre que sentir energias negativas perturbando a sua aura ou invadindo o seu espaço particular.

Reflexões Finais

Escrever este livro foi uma grande jornada de meses de trabalho intenso. Durante esse período, tive de enfrentar várias revisões de texto (idéia minha), três furacões (todos da Mãe Natureza), aulas de volante (com a minha mãe se encolhendo no banco), a ansiedade normal que precede o aniversário de vinte anos (sobrevivi) e a busca de um remédio para desbloquear as idéias (chocolate).

Durante o processo criativo, percebi o quanto a minha prática se aprimorou. Ao folhear as páginas do meu Livro das Sombras, descobri a minha paixão pela Wicca, a ânsia de aprender e a busca incessante pela mudança positiva.

Eu também descobri que os colaboradores adolescentes fazem descobertas incríveis em suas práticas individuais. Ser capaz de se abrir e expressar experiências pessoais para ajudar as outras pessoas nesse belo caminho espiritual é algo que não se compara a nenhuma outra experiência.

Por fim, quero dizer que espero sinceramente que você, leitor, tenha não só aprofundado os seus conhecimentos com este manual, mas também encontrado maneiras de expandir a sua prática física e espiritual. Que a Deusa e o Deus olhem por você com amor.

Abençoado seja,
Gwinevere Rain

Bibliografia

Conway, D. J. *Lord of Light & Shadow: The Many Faces of the God.* St. Paul, MN: Llewellyn, 1997.

Cunningham, Scott. *Cunningham's Encyclopedia of Crystal, Gem, and Metal Magic.* St. Paul, MN: Llewellyn, 1997.

Cunningham, Scott. *Cunningham's Encyclopedia of Magical Herbs.* St. Paul, MN: Llewellyn, 2002.

Cunningham, Scott. *Living Wicca: A Further Guide for the Solitary Practitioner.* St. Paul, MN: Llewellyn, 2000.

Cunningham, Scott. *Wicca A Guide for the Solitary Practitioner.* St. Paul, MN: Llewellyn, 1999.

Dubats, Sally. *Natural Magick: The Essential Witch's Grimoire.* Nova York: Kensington, Publishing Corp., 2002.

Duff, Gail. *Seasons of the Witch: Celebrating the 8 Wiccan Festivals of the Year.* Berkeley, CA: Ulysses Press, 2003.

Hawke, Elen. *In the Circle: Crafting the Witches' Path.* St. Paul, MN: Llewellyn, 2001.

Hawke, Elen. *Sacred Round: A Witch's Guide to Magical Practice.* St. Paul, MN: Llewellyn , 2002.

McCoy, Edain. *Magick & Rituals of the Moon.* St. Paul, MN: Llewellyn, 2001.

McCoy, Edain. *The Sabbats: A New Approach to Living the Old Ways.* St. Paul, MN: Llewellyn, 2002.

Monaghan, Patricia. *The New Book of Goddesses and Heroines.* St. Paul, MN: Llewellyn, 2000.

Rain, Gwinevere. *Spellcraft for Teens: A Magickal Guide to Writing and Casting Spells*. St. Paulo MN: Llewellyn, 2002.

Ravenwolf, Silver. *Solitary Witch: The Ultimate Book of Shadows for the New Generation*. St. Paulo MN: Llewellyn, 2003.

Ravenwolf, Silver. *Teen Witch Kit: Everything You Need to Make Magick*. St. Paul, MN: Llewellyn, 2000.

Sabrina, Lady. *Wiccan Magick for Beginners: A Guide to Spells, Rites, and Customs*. Nova York: Kensington Publishing Corp., 2001.

Wood, Jamie. *The Teen Spellbook: Magick for Young Witches*. Berkeley, CA: Celestial Arts, 2001.

Zimmermann, Denise e Katherine Gleason. *The Complete Idiot's Guide to Wicca and Witchcraft*. Nova York: Alpha Books, 2000.

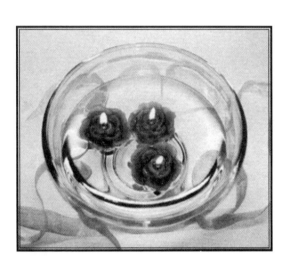